دليل المقاييس

والاختبارات النفسية والتربوية

الجزء الأول

مقاييس الصحة النفسية

مقاييس المشكلات والاضطرابات

رقم التصنيف: 370.15

المؤلف ومن هو في حكمه: د. أحمد عبد اللطيف أبو أسعد

عنـــوان الكتــاب: دليل المقاييس والاختبارات النفسية والتربوية- الجزء الأول

رقم الإيــــداع: 2007/12/3813

الموضوع الرئيسي: الإرشاد التربوي/ علم النفس التربوي / القياس والتقويم / الاختبارات المدرسية / الأطفال/ رعاية الطفولة / التعلم

* تم إعداد بيانات الفهرســة والتصنيف الأولية من قبل دائرة المكتبة الوطنية

مركز ديبونو لتعليم التفكير

عضو اتحاد الناشرين الأردنيين

يطلب هذا الكتاب مباشرة من مركز ديبونو لتعليم التفكير

عمّان- شارع الملكة رانيا- مجمع العيد التجاري - مبنى 320- ط4

هاتف: 962-6-5337003 ، 962-6-5337029

فاكس: 962-6-5337007

ص. ب: 831 الجبيهة 11941 المملكة الأردنية الهاشمية

E-mail: info@debono.edu.jo

www.debono.edu.jo

دليل المقاييس والاختبارات النفسية والتربوية

الجزء الأول

مقاييس الصحة النفسية

مقاييس المشكلات والاضطرابات

تأليـف

الدكتور / أحمد أبو أسعد

الناشر

مركز ديبونو لتعليم التفكير

بسم اللـه الرحمن الرحيم

﴿ قالوا سبحانك لا علم لنا إلا ما علمتنا إنك أنت العليم الحكيم ﴾

صدق اللـه العظيمم

(سورة البقرة: 32)

المحتـويات

الموضـوع | الصفحة

1

كتاب دليل المقاييس والاختبارات النفسية والتربوية

الجزء الأول

المواضيع التي يتضمنها الجزء:

☞   مفهوم المقاييس.

☞   مقاييس الصحة النفسية.

☞   مقاييس المشكلات والاضطرابات.

المقدمة

مقدمة الطبعة الثانية:

بتوفيق من الله سبحانه وتعالى تم إعداد الطبعة الثانية من هذا الدليل الذي يتمنى المؤلف أن ينفع به الباحثين والطلبة والأخصائيين الاجتماعيين والنفسيين، وكل المهتمين في حقل القياس وعلم النفس والتربية.

وقد روعي عند تجهيز الطبعة الثانية العمل على تصحيح الأخطاء اللغوية، وإضافة التصحيح والتفسير لكل مقياس من المقاييس الموجودة سابقا، ومن أجل التسهيل على القارئ فقد تم وضع الدرجات أمام كل فقرة، متضمنا ذلك مراعاة كون الفقرة إيجابية أو سلبية.

كما تم حذف بعض المقاييس من الطبعة الأولى، وإضافة مقاييس جديدة، حيث تم إضافة تسع وثلاثون مقياسا تتضمن المجالات النفسية والتربوية والأسرية والاجتماعية والشخصية والمهنية ومجال المشكلات والاضطرابات.

وروعي أن تكون هذه المقاييس حديثة ومناسبة لكل مهتم. وقد تم تجميع تلك المقاييس من مصادر متعددة وخاصة من رسائل جامعية حديثة.

وبالتالي وعند النظر لهذا الكتاب يتبين للقارئ العزيز أن الكتاب بشكله الجديد يتضمن طريقة جديدة في التعامل مع المقاييس المستخدمة في الحقل التربوي.

ويتمنى المؤلف أن تكون هذه الطريقة مناسبة لكل قارئ، حيث تضمن الكتاب مائة مقياسا مختلفا في المجالات المختلفة وتتضمن قضايا مهمة وعصرية وحديثة يمكن من خلالها القول أن معظم الجوانب النفسية والتربوية قد تم التطرق لها، حتى أنه يمكن للقارئ أن يجد معظم المقاييس التي يفكر فيها أو يتوقعها مما يساعده في الاستفادة منها

11

بالشكل المناسب. ومن أجل التسهيل على القارئ العزيز فقد تم تقسيم الكتاب إلى ثلاثة أجزاء.

إنني وأنا أقوم بتجميع هذه المقاييس في هذا الدليل المتواضع فإنني أود تقديم جزيل شكري وامتناني لكل صاحب مقياس، ولكل من عمل على إعداد أي فقرة في مقياس ما، حيث روعي أن يوضع في هذا الدليل المقاييس العلمية المناسبة، حيث بذل أصحابها جهدا طيبا في إعدادها وتجهيز الخصائص السيكوماترية المناسبة لها، فلكل صاحب مقياس أو اختبار أو استبيان مني جزيل الشكر والعرفان.

أولا: مفهوم القياس

يرى مهرنز (Mehrens,1975) أن عملية القياس هي تلك العملية التي تمكن الأخصائي من الحصول على معلومات كمية عن ظاهرة ما، وأما أداة القياس فيعرفها على أنها أداة منظمة لقياس الظاهرة موضوع القياس والتعبير عنها بلغة رقمية.

وتظهر أدوات القياس في عدد من الصور، كالاختبار (Test) والمقياس (Scale) وقائمة التقدير (Rating Checklist)، كما قد تقسم أدوات القياس إلى نوعين، حسب نوع المعايير المستخدمة فيها، وعلى ذلك فهناك ما تسمى بالاختبارات محكية المرجع ويطلق عليها مصطلح (Criterion-Referenced Tests) وفي هذا النوع من الاختبارات يتم تحديد المعيار أو المعايير من قبل المدرس أو الأخصائي وتوضع بناءً على ما يتوقع من المسترشد، وهناك الاختبارات التي تسمى بالاختبارات معيارية المرجع ويطلق عليها مصطلح (Norm-Referenced Tests) وفي هذا النوع من الاختبارات يقارن أداء الفرد بأداء المجموعة المرجعية أو بأداء المجموعة العمرية التي ينتمي إليها، كاختبارات الذكاء مثلا حيث يقارن أداء الفرد بأداء المجموعة العمرية التي ينتمي إليها، وتستخدم مثل

هذه الاختبارات في أغراض تصنيف الطلبة وتحديد مواقعهم على منحى التوزيع الطبيعي إذا ما استخدمت اختبارات الذكاء كاختبارات معيارية مرجعية لتصنيف الطلبة. (الروسان، 1999)

وتقسم أيضاً أدوات القياس إلى أدوات القياس المسحية المبدئية (Screening Tests) وتسمى أحياناً أدوات القياس غير الرسمية (Informal Tests)، وأدوات القياس المقننة (Standardized Tests)، وتسمى أحياناً بأدوات القياس الرسمية (Formal Tests) وغالبا ما تتصف أدوات القياس المقننة بأن لها دلالات صدق وثبات ومعايير خاصة بها، في حين لا تتصف أدوات القياس المسحية المبدئية بذلك (الروسان، 1999).

كما يقصد بالقياس النفسي عملية مقارنة شيء ما بوحدات معينة أو بكمية قياسية أو بمقدار مقنن من نفس الشيء أو الخاصية بهدف معرفة كم من الوحدات يتضمنها هذا الشيء. ويقصد بالاختبار النفسي: أداة للحصول على عينة من سلوك الفرد في موقف معين من حيث ظروف التطبيق ومواد الاختبار وطريقة التصحيح فيمكن بذلك جمع بيانات عن السلوك في أسلوب مقنن منظم نستطيع من خلاله التعميم على مواقف الحياة والتنبؤ بالسلوك في المواقف المرتبطة به. وللمقاييس النفسية مستويات مختلفة، ولها منهجية واضحة من صدق وثبات وغير ذلك، مما هو مجاله في علم النفس الإحصائي.

وللمقاييس النفسية أنواع منها الملاحظة، ومنها مقاييس التقرير الذاتي (مثل المقياس النفسي للاكتئاب) ومنها الاختبارات الإسقاطية (كالتي تعتمد على الصور ودرجة تفسير المفحوص لها).

ومن أهم الاختبارات والمقاييس النفسية :

1- اختبارات الذكاء: مثل اختبار وكسلر بلفيو لذكاء المراهقين والراشدين.

2- اختبارات القدرات والاستعداد والميول والقيم، مثل مقياس الميول المهنية واللامهنية.

3- اختبارات ومقاييس الشخصية، مثل اختبار الشخصية المتعدد الأوجه لهاثاواى وماكنلى بجامعة مينسوتا.

ثانياً: وظائف الاختبارات والمقاييس في الإرشاد

1- التوقع أو التنبؤ Prediction: يمكن أن تساعد نتائج الاختبارات المرشد في توقع النجاح أو الدرجات التي يمكن أن يحصل عليها المسترشد في مجال معين مثل دراسة مقرر، أو وظيفة أو عمل أو غير ذلك من المجالات التي يبذل فيها جهدا، ويدخل في ذلك استخدام الاختبارات لاختيار الأشخاص للوظائف.

2- التشخيص Diagnosis: يمكن للاختبارات أن تخدم المرشد في عملية التشخيص أو تصوير المشكلة، حيث يمكن مساعدة المسترشد على فهم أفضل لمهاراته ومعلوماته، ومن ثم الاستبصار بالمجالات التي يعاني فيها من نقص أو يكون فيها المسترشد أدنى من المستوى المطلوب.

3- المراقبة Monitoring: يمكن للمرشد أن يتابع تقدم وتطور المسترشد باستخدام الاختبارات، ومن أمثلة الاختبارات التي تخدم في هذا المجال الاختبارات التحصيلية التي يمكن باستخدامها متابعة التقدم في التحصيل في فترة زمنية معينة.

4- التقويم Evaluation: تعتبر الاختبارات أدوات هامة في عملية تقويم البرامج وتقويم عمل المرشد، وكذلك في جوانب أخرى للتقويم مثل تقويم نمو المسترشد ومدى تحقيق أهداف معينة. (الشناوي، 1996)

ثالثاً: العوامل التي تؤثر في الاختبار قبل وأثناء حدوثه

أ- الجوانب التي تسبق الاختبار.

ومن العوامل التي تسبق أخذ الاختبار وتؤثر على التطبيق ما يلي:

1- الخبرة السابقة: أوضحت كثير من الدراسات أن أخذ الاختبار مرات سابقة يجعل المفحوص يحصل على درجات مرتفعة، وعلى سبيل المثال فقد وجد لونجستاف (Longstaff,1954) أن طلاب الجامعة الذين طبق معهم اختبار مينسوتا للأعمال الكتابية على ثلاث مرات متتالية متقاربة زمنيا قد ارتفعت درجاتهم.

2- مجموعات الاستجابة Response Sets: قد يكون لدى بعض الأفراد ميل للإجابة بنعم على كل البنود التي يميل لها الفرد والإجابة ب لا على الفقرات التي تشتمل على المشكلات الشخصية، وبمعنى أن هناك قد يكون ميل لأخذ وجهة معينة في الإجابة على أسئلة الاختبار.

3- مجموعة الإجابات المرغوبة اجتماعياDesirability Social : حيث أنه قد يكون هناك ميل لإعطاء إجابات مرغوبة اجتماعيا على بعض الأسئلة في مقاييس الشخصية لكي يصور الفرد نفسه على أنه حسن التكيف، ويتمتع بالصحة النفسية، ويبدو هنا السبب وراء هذه الإجابات هو الدفاع عن النفس ضد تهديد ضمني أو انتقاد أن يكون غير متكيف.

4- التخمين Guessing: يمثل الاستعداد للتخمين نوعا آخر من مجموعات الاستجابة عندما يكون المفحوص غير متأكد أو ليس عنده أي فكرة عن الإجابة الصحيحة.

5- السرعة Speed: في بعض الاختبارات تكون السرعة مطلوبة في الإجابة على الفقرات أو حل المشكلات، وفي هذه الحالات فإن بعض المفحوصين يحصلون على درجات منخفضة نتيجة مرور الوقت دون إنجاز المطلوب.

ب- الإدراكات والمشاعر المتصلة باختبار معين:

في بعض الحالات نجد أن فردا أو جماعة من المسترشدين يكون لهم إدراكات خاصة بالنسبة لاختبار معين، أو للموقف الإرشادي الذي يتم فيه الاختبار، فالمسترشد

الذي يدرك اختبارا معينا للذكاء على أنه تهديد لمفهومه لذاته قد يصحب معه كل الاختبارات درجة من الدفاعية، مما ينعكس على أداءه، ويظهر نتيجة إدراك المسترشد لموقف الاختبار بعض القضايا المهمة ومنها:

1- التزييف والتحريف Faking and Distortion: فمعظم مقاييس الميول والشخصية يمكن أن تزيف في الاتجاه المرغوب.

2- القلق والتوتر Anxiety and Tension: ظاهرة القلق والتوتر أثناء الاختبارات معروفة للمرشدين، وقد أجرى ديلونك Delong,1955 دراسة على تلاميذ إحدى المدارس الابتدائية حيث أوضح الملاحظون أن بعض هؤلاء التلاميذ تظهر عليهم علامات القلق والتوتر ومنها قضم الأظافر، ومضغ الأقلام، والبكاء، والحديث للنفس والتهيج.

3- الجهد والدافعية Effort and Motivation: إن ما يتطلع إليه المرشد هو أن يكون المسترشد الذي يطبق معه الاختبارات لديه دافعية ليؤدي أداء طيبا، وألا تكون درجة توتره عالية، ويمكن القول أن المسترشد الذي يرى في الاختبار فائدة له سوف يزيد من الجهد المبذول في الاختبار، وأما إذا فقد المسترشد اهتمامه بالاختبار أو عدم إحساسه بأن الاختبار ذو فائدة بالنسبة له فإن جهده سيكون منخفضا.

ج- موقف الاختبار (إجراءات الفحص)

إن موقف الاختبار نفسه يمثل عنصرا هاما في التأثير على نتيجة الاختبار وينبغي على القائم بالاختبار أن يكون على معرفة تامة بما يحتاجه الاختبار من تجهيزات وظروف، وأن يطمئن إلى وضوح التعليمات وفهمهما من جانب المفحوصين (المسترشدين).

وفيما يلي بعض الجوانب المتصلة بموقف الاختبار:

1- المكان: يحتاج إجراء الاختبارات إلى غرفة جيدة الإضاءة، تتوافر فيها مناضد ذات

أسطح مناسبة للكتابة، وأن تكون الغرفة خالية من الضوضاء بقدر المستطاع، كما يجب أن تكون الغرفة خالية من المشتتات مثل الصور وغيرها، وألا يقطع على المفحوصين صوت التليفون أو غيره.

2- القائم بالاختبار: من الأمور التي تؤثر على نتائج الاختبار، الشخص القائم به (الفاحص) سواء كان المرشد أو غيره، وسلوك هذا الشخص، وكذلك سلوك المفحوص (المسترد) وكيفية إدراك المفحوص للفاحص.

3- بطاقات الإجابة: في بعض الأحيان وكنوع من خفض النفقات تعد الاختبارات بحيث تتكون من كراسة الاختبار والتعليمات مع ورقة إجابة منفصلة يضع فيها المفحوص ما يختاره من إجابات بإتباع الترتيب الموجود في كراسة الأسئلة، وان يتأكد من أن مفاتيح التصحيح تنطبق على هذه البطاقات.

4- ملاحظة المفحوص أثناء الاختبار: من الأمور التي يحتاجها المرشد في عمله أن يلاحظ المسترشد في مواقف متنوعة، ومن بين هذه المواقف موقف الاختبار، ويمكن للمرشد أن يستفيد من الإرشادات التالية التي أعدها مركز الإرشاد بجامعة ماريلاند بالولايات المتحدة الأمريكية:

• المظهر البدني: زيادة النشاط، والنظافة، والعيوب البدنية

• الخصائص اللفظية: النغمة، وارتفاع الصوت، ومعدل الكلام، والثرثرة، والتهجي.

• سلوك الاختبار: التشويش حول الاختبارات، وعدم التعاون، والانتباه.

• السلوك الاجتماعي: عدم المبالاة، والعداوة، والصداقة، والبحث عن الانتباه، والاكتئاب، والتشكك، والتوكيد، والتوجس.

5- تصحيح الاختبار: ويعتبر من المهام الرئيسية للمرشد، فالدرجة التي يحصل عليها

المفحوص تحتوى على مجموعة من الأخطاء العشوائية نتيجة للعوامل التي سبق ذكرها، وليس من المعقول أن نضيف إليها أخطاء في التصحيح، وقد يكون التصحيح آليا، أو يدويا.

6- تحويل الدرجات الخام إلى درجات معيارية: إن الدرجة التي يحصل عليها المفحوص على اختبار ما تعرف بالدرجة الخام، ولكي يكون لهذه الدرجة فائدة فإن على المرشد أن يرجعها إلى ما حصلت عليه مجموعة ما يمكن أن يقارن بها الفرد، والدرجات التي حصلت عليها المجموعة التي تقارن بها درجة المفحوص تعرف بالمعايير Norms والمجموعة نفسها تعرف بمجموعة المعايير Norms Group أو المجموعة المرجعية Reference Group وقد يكون للاختبار الواحد أكثر من مجموعة مرجعية، إن المعايير مهمة حين أنها تخبرنا عن كيف أدى الآخرون على هذا الاختبار فنحن لا نستطيع أن نستنتج شيئا من مجرد معرفتنا للدرجة الخام للمفحوص، وإنما يكون لهذه الدرجة معنى فقط عند مقارنتها بمجموعة معايير مناسبة. كما أن وجود المعايير يساعد كثيرا في عملية تفسير نتائج الاختبارات.

7- تفسير نتائج الاختبارات: عندما يأتي المسترشد إلى موقف الإرشاد تكون هناك مجموعة من التساؤلات التي تحتاج إلى إجابة، مثل ما هو أنسب تخصص لي في الثانوية؟ ما هو أنسب مجال يمكن أن أفكر في العمل فيه فيما بعد؟ هل يمكن مواصلة الدراسة، هل يعاني هذا الفرد من انخفاض في تقدير الذات؟ ومثل هذه التساؤلات وغيرها هي التي تدفع المرشد أن يطبق مجموعة من الاختبارات مع المسترشد ليصل إلى إجابات مناسبة، وبعد تطبيق المرد لهذا الاختبار فهو يحتاج إلى تفسير هذه الدرجات ليستخدمها في مساعدة المسترشد على اتخاذ قرار أو الإجابة على تساؤل حول مشكلته التي جاء بها. (الشناوي، 1996)

مزايا المقاييس:

1- الكفاءة والعملية Efficiency فهي لا تتطلب جهدا تفسيريا أو إحصائيا يعوق الممارسة العملية.

2- وسيلة للدراسة المتعمقة Accessibility فقد تكشف بعض الظواهر الكامنة من مكونات الشخصية وعاداتها وسلوكياتها.

3- وسيلة للتنفيس والتعبير، فهي تصلح لفئة الذين لا يجيدون التعبير الصريح عن حقيقة مشاعرهم ومن ثم تعد فرصة جيدة وأداة فعالة لهذه الفئة.

4- تصلح لعقد مقارنة comparability تفيد الدرجات النهائية بكل مقياس في عقد مقارنة بينها وبين درجات الآخرين أو درجات نفس المفحوص في مراحل متتالية.

5- الحياد Neutrality عادة لا تعطي المقاييس فرصة للفاحص بالتدخل بآرائه الشخصية فهي تعطي درجة من الموضوعية جيدة لبعدها عن التعصب والأحكام الذاتية للفاحص.

على أن الأمر لا يخلو من بعض العيوب التي نود ذكرها والتي منها:

1- قد لا تقيس المشكلة الخاصة بالمفحوص.

2- صياغة العبارات قد تكون عرضة لأكثر من تأويل.

3- قد تعطي بيانات متحيزة بسبب الممارسة والاستجابة والتوقع والتزييف.

4- الخصائص السيكومترية للمقاييس كالصدق والمعايير والثبات قد لا تكون معدة لكل المشكلات أو المفحوصين.

5- قد تكون صياغة الاختبار مؤثرة على إمكانية فهمه لمحدودي التعليم.

6- يصفها البعض بأنها سطحية ومضلله لأنها تستجوب الشعور.

7- يصفها البعض بأنها جزئية ولا تقيس الميكانزمات الدفاعية.

8- تنظر إلى الفرد على أنه حاصل جمع دون اعتبار للوزن النسبي لمجمل العبارات.

9- لا تضع في حسابها الفروق الفردية سواء في صياغة العبارات أو في التفسير.

10- تتأثر الدرجات بشكل ما بدرجة القلق (قلق الاختبار لدى المفحوص)

11- تتأثر الدرجات بالحالة المعنوية للمفحوص عند الإجراء كجوعه أو عطشه أو شعوره بالبرد مثلا وأشباه ذلك ومن ثم تتأثر استجابته.

12- تتأثر استجابة المفحوص إلى حد ما بموقف الفاحص.

13- تتعرض الاستجابة إلى حد ما للتخمين.

14- تتأثر استجابة المفحوص بما يسمى المرغوبية الاجتماعية (يود أن يظهر جيداً بين الناس).

مقاييس الصحة النفسية

أولاً: المقياس النفسي للصحة النفسية لسيد يوسف

تفيد هذه القائمة في التعرف على مدى توفر الصحة النفسية لدى الطلبة والقدرة على التكيف مع مواقف الحياة المختلفة، ومن ثم مساعدتهم في التكيف.

هموم الناس وضغوط الحياة والمتغيرات السياسية وغيرها وآثارها النفسية على الشعوب ولاسيما العربية المضطهدة ولهث المرء وراء طموحه الذي يتجدد في كل لحظة كل ذلك ساهم في التقليل من شعور الفرد بالسعادة والرضا النفسي.

الصحة النفسية:

ولها تعريفات كثيرة ويمكن حصر هذه التعريفات في اتجاهين رئيسين هما: الاتجاه الإيجابي، والاتجاه السلبي.

الاتجاه الايجابي:

يرى أصحاب هذا الاتجاه أن الصحة النفسية قدرة الفرد على التوافق مع نفسه ومع المجتمع الذي يعيش فيه، ويؤدي هذا إلى التمتع بحياة خالية من الاضطرابات مليئة بالحماس، حيث يعتبر هذا الفرد في نظر الصحة النفسية شخصا سويا. (Torrance, 1965).

الاتجاه السلبي:

ويرى أصحاب هذا الاتجاه أن الصحة النفسية الخلو من أعراض المرض العقلي أو النفسي، إلا أن هذا لا يشمل جميع حالات الصحة النفسية فقد نجد فردا خاليا من

أعراض المرض العقلي أو النفسي لكنه غير ناجح في حياته وعلاقاته بغيره من الناس، سواء في العمل أو الحياة الاجتماعية أو الحياة الأسرية فهو إذا غير متكيف. (جيل، 2000)

- كما يعرفها هادفيلد (Hadfield,1952) أنها حالة من التوافق التام أو التكامل بين الوظائف النفسية المختلفة مع القدرة على مواجهة الأزمات النفسية العادية التي تطرأ عادة على الإنسان مع الإحساس الإيجابي والسعادة والكفاية، وتعرفها منظمة الصحة العالمية بأنها حالة من الاكتمال الجسمي والنفسي والاجتماعي لدى الفرد، وليس خلو الفرد من المرض العقلي أو النفسي. (الهابط، 1998)

فيما يلي مقياس يبين هل تمتلك الصحة النفسية بشكل عام أم لا، أرجو الإجابة عن فقراته بدقة وموضوعية.

لا تنطبق	تنطبق	الفقـــرة	الرقم
0	1	أشعر بالأمن والاطمئنان عموما	1
0	1	أنا متزن في اتخاذ قراراتك	2
0	1	من السهل علي التكيف مع متطلبات الحياة الواقعية	3
0	1	لدي قدرة جيدة على التواصل الاجتماعي مع الآخرين	4
0	1	يمكنني السيطرة على انفعالاتي وحساسيتي عموما	5
0	1	أشجع التغيير في المجتمع بمؤسساته المختلفة وأمد يدي نحو من يطمح للتغيير	6
0	1	أراجع نفسي لأجعل منها شخصية متكاملة	7
0	1	أشعر بالانتماء والانسجام مع المجتمع الذي أعيش فيه	8

9	يمكن وصفي بان أعصابي هادئة ومتزنة	1	0
10	أثق بالمجتمع والناس الذين أتعامل معهم	1	0
11	أنا مسامح وتسامحي بعيد عن المبالغة	1	0
12	أشعر بالتفاؤل والقناعة والسعادة غالباً	1	0
13	أهتم بالناس لدرجة أنه يمكنني أن أضحى براحتي من أجلهم	1	0
14	لدي القدرة على حل مشكلاتي بطريقة جيدة غالباً	1	0
15	أكره العنف في تعاملي مع المحيطين بي	1	0

تصحيح وتفسير النتائج

أعط نفسك درجة واحدة على كل إجابة تنطبق ثم انظر الدرجات من 13 إلى 15 تعنى انك تتمتع بصحة نفسية ممتازة، الدرجات من 9 إلى 12 تعنى انك تتمتع بصحة نفسية جيدة الدرجات من 5 إلى 8 تعنى انك في حاجة إلى إعادة التوازن إلى نفسك، ويفضل أن تخلو إلى نفسك تتأملها وتتأمل إصلاحها للحد من شعورك بعدم الارتياح هذا الدرجات الأقل من 5 تعنى أن لديك اضطرابا ما ويحتاج إلى دعم نفسي ويفضل أن يكون لدى متخصصين. (يوسف، الصحة النفسية - الشبكة العنكبوتية).

ثانياً: مفهوم الذات للأطفال

تفيد هذه القائمة في التعرف على الأبعاد الثمانية المكونة لمفهوم الذات لدى الأطفال وقد صيغت بأسلوب مناسب لهم لكي تساعدهم على الإجابة بما يناسب عمرهم.

مفهوم الذات: مفهوم افتراضي يتضمن الآراء والمشاعر والأفكار والاتجاهات التي يكونها الفرد عن نفسه وتعبر عن خصائص جسمية وعقلية وشخصية واجتماعية. (زهران، 1977) وكذلك يعرف مفهوم الذات: أنه التقدير الكلي الذي يقرره الفرد عن مظهره وقدراته والمشاعر والمعتقدات التي يكونها الفرد عن نفسه أو الكيفية التي يدرك بها الفرد نفسه. (لابين وبيرن، 1981)

قائمة مفهوم الذات للأطفال من سن 7 إلى 16

تتألف القائمة من ثمانية مقاييس فرعية يتضمن كل منها 14 فقرة، وقد رمز إلى كل مقياس بحرف يمثل السمة التي يقيسها، على النحو التالي:

ق: القيمة الاجتماعية
ث: الثقة بالنفس
ج: الاتجاه نحو الجماعة
د: القدرة العقلية
م: الجسم والصحة
ن: الاتزان العاطفي
ش: النشاط
ع: العدوانية

الرقم	رمز المقياس	الفقرة	أوافق	لا أوافق
1-	ج	بعمل صداقة بسهولة وبسرعة مع اللي بتعرف عليهم.	2	1
2-	ع	بشفق على الضعيف.	2	1
3-	ش	لما بصحى من النوم بحس جسمي مكسر وتعبان.	1	2
4-	م	شكلي جميل (وحلو).	2	1
5-	م	دايماً نفسي مفتوحة للأكل.	2	1
6-	ع	بصيح كثير.	1	2
7-	م	أنا في جسمي عاهة.	1	2
8-	ن	أنا محبوب.	2	1
9-	ق	أنا بطل.	2	1
10-	ش	أنا قوي.	2	1
11-	ج	بحب أكون مع جماعة (من الأولاد).	2	1
12-	ع	ما حدا بقدر يعتدي علي.	2	1
13-	ش	أنا مش رياضي.	1	2
14-	ع	أنا دايماً بحكي بصوت هادئ.	2	1
15-	ج	بكون مرتاح لما بكون مع جماعة من الأولاد.	2	1
16-	ذ	أنا ذكي.	2	1
17-	ع	ما بحب أسب حدا أو أبهدله.	2	1
18-	ث	ما في عندي شيء أشوف حالي عليه.	1	2

19-	ع	أنا بقبل التانيين يتمسخروا علي.	1	2
20-	ث	كثير ما بعرف شو لازم أعمل.	1	2
21-	ش	أنا سريع.	2	1
22-	ث	دايماً الشغله اللي بسويها ما بتزبط مليح.	1	2
23-	ن	أنا دايماً متفائل والدنيا بخير.	2	1
24-	ع	أنا بضرب.	1	2
25-	ث	أنا شايف حالي شوي.	2	1
26-	ش	أنا بتعب لما ألعب.	1	2
27-	ق	أنا مؤدب ومهذب.	2	1
28-	ذ	يادوب أعمل المطلوب مني.	1	2
29-	ش	أنا بحب اللعب كثيراً.	2	1
30-	ق	أنا بهتم بنفسي أكثر من غيري.	1	2
31-	ج	الواحد برتاح أكثر ما يكون لوحده.	1	2
32-	ذ	بقدر أنتبه للمعلم وأتابعه.	2	1
33-	ج	بكون متضايق لما بكون مع جماعة من الأولاد.	1	2
34-	ع	بخاف أني أعتدي على غيري.	1	2
35-	ع	أنا بسامح التانيين لما يغلطوا علي.	2	1
36-	ذ	أنا ما بحب الدراسة.	1	2

-37	ش	أنا حرك كثير وما بتعب.	2	1
-38	ذ	المعلمون بيعطوني أشياء ما بفهمها.	1	2
-39	ن	أنا جريء.	2	1
-40	ن	أنا عصبي.		
-41	ق	أنا متعاون.	2	1
-42	ن	أنا خجول.	1	2
-43	ش	أنا ما بتحرك (نشاطي قليل).	1	2
-44	ذ	بحب أعمل أشياء جديدة.	2	1
-45	ش	لما بصحى من النوم بحس حالي مرتاحة ونشيطة.	2	1
-46	ج	أنا قائد في مجموعتي.	2	1
-47	ق	أنا كريم.	2	1
-48	م	طولي مناسب مثل غيري.	2	1
-49	ج	ما عندي أصدقاء.	1	2
-50	ث	أنا بعرف أدبر حالي.	2	1
-51	ع	بعرف كيف أسب وأبهدل.	1	2
-52	ق	أنا مضحك.	1	2
-53	ق	أنا دفش وعبيط.	1	2
-54	ذ	أنا شاطر.	2	1

-55	ق	فش حدا بيستحق أكون كريم معاه.	1	2
-56	ج	الواحد بتسلى أكثر مع الجماعة.	2	1
-57	م	وزن جسمي عادي.	2	1
-58	ق	أنا بحب حالي.	1	2
-59	ج	بحب ألعب وحدي.	1	2
-60	ن	أنا هادئ.	2	1
-61	م	أنا سمين زيادة.	1	2
-62	ش	أنا بتعب بسرعة.	1	2
-63	ع	الأولاد الثانيين بخافوا مني.	1	2
-64	ع	بحب ألاقي ولد أتمسخر عليه.	1	2
-65	ق	مفش حدا يستحق المساعدة.	1	2
-66	ث	أنا شاطر بشغلات كثيرة.	2	1
-67	ج	بحب أكون لوحدي.	1	2
-68	ذ	أنا مجتهد.	2	1
-69	م	أنا نحيف كثير.	1	2
-70	ن	أقل شيء ينرفزني.	1	2
-71	ث	بظل وراء الشغلة حتى أخلصها.	2	1
-72	ن	أنا أكثر الأحيان مكشر وزهقان.	1	2

-73	ذ	بتذكر أشياء كثيرة.	2	1
-74	م	أنا دايماً مريض.	1	2
-75	ث	الشغلة اللي بعملها بتزبط مليح.	2	1
-76	م	أنا لا سمين ولا نحيف.	2	1
-77	ذ	بطول حتى أفهم الشغلة.	1	2
-78	ن	أنا بغار.	1	2
-79	ث	أنا قد حالي.	2	1
-80	ش	أنا رياضي.	2	1
-81	ن	أنا بحب الأولاد التانيين مثل نفسي.	2	1
-82	ج	بحب أشترك مع مجموعة من الأولاد باللعب.	2	1
-83	م	شكلي مش جميل.	1	2
-84	ث	بزهق بسرعة قبل ما بتخلص الشغلة.	1	2
-85	ذ	أنا كسلان.	1	2
-86	ش	أنا بطيء.	1	2
-87	ج	أنا بمشي زي ما بدهم صحابي.	1	2
-88	ذ	بفهم شرح المعلم بسرعة.	2	1
-89	ع	بخاف من التانيين.	1	2
-90	ج	أصدقائي كثار.	2	1

-91	م	صحتي دايماً كويسة.	2	1
-92	ق	أنا بهتم بغيري زي نفسي.	2	1
-93	ن	لازم يكون في سبب كبير حتى أزعل.	2	1
-94	ج	بلاقي صعوبة أني أعمل أصدقاء جدد.	1	2
-95	ش	أنا عندي حيوية ونشاط.	2	1
-96	ث	في كثير من الأحيان بتلبك لما بحكي (وبرتبك).	1	2
-97	ش	أنا ضعيف.	1	2
-98	م	أنا أقصر من الأولاد التانيين.	1	2
-99	م	أنا كل شيء في جسمي سليم وكامل.	2	1
-100	ن	أنا دايماً مبسوطة ومفرفشة.	2	1
-101	ذ	لما بتشرح المعلمة عقلي بسرح.	1	2
-102	ع	أنا شرس.	1	2
-103	ث	أنا شاطر.	2	1
-104	ث	ما بقدر حتى على اللي أصغر مني.	1	2
-105	ق	أنا أمين.	2	1
-106	ن	أنا أكثر الأحيان متشائمة.	1	2
-107	ذ	أنا بنسى كثير.	1	2
-108	م	قليل ما بيجي على بالي الأكل (أكل).	1	2

-109	ق	أنا مكروه.	1	2
-110	ث	الشغلات اللي شاطر فيها قليلة.	1	2
-111	ن	في كثير من الأحيان بكذب.	1	2
-112	ق	أنا بحب المساعدة.	2	1

وضعت لكل بعد من الأبعاد الشخصية الثمانية أوصاف تقويمية عامة يعبر بعضها عن مفهوم إيجابي للذات، وبعضها الآخر عن مفهوم سلبي وفيما يلي الأوصاف الرئيسية التي اعتمدت في تحديد فقرات المقاييس الفرعية.

الأبعاد الشخصية	التقويم الإيجابي	التقويم السلبي
1- القيمة الاجتماعية (ق)	يهتم بالآخرين، يأخذ بقيم اجتماعية مقبولة.	يهتم بنفسه دون الآخرين ينكر قيم الجماعة.
2- الثقة بالنفس (ث)	يثق بنفسه وبقدراته ومهاراته وشعوره بالنجاح قوي.	غير واثق من قدراته ومهاراته عنده شعور بالفشل.
3- الاتجاه نحو الجماعة (ج)	يتجه نحو الجماعة، يرتاح لها ويتقبلها ويشاركها.	يبتعد عن الجماعة، يتجه نحو نفسه، يستصعب المشاركة الجماعية.
4- القدرة العقلية (ذ)	تقديره لنفسه أنه عالي الذكاء والفطنة والقدرة على الفهم والتذكر.	تقديره لنفسه أنه غير ذكي، بطيء التعلم اعتمادي في المهمات العقلية.

5- الجسم والصحة (م)	يتقبل جسمه، يعزو لجسمه صفات إيجابية، يشعر بالصحة أكثر من المرض.	يرفض جسمه، يعزو لجسمه صفات سلبية، يشعر بالمرض أو الاعتلال.
6- الاتزان العاطفي (ن)	متفائل، غير قلق، سعيد.	متشائم، قلق، يشعر بالشقاء.
7- النشاط (ش)	يعبر عن الحيوية والنشاط وفائض من الطاقة.	يعبر عن الخمول والتعب والافتقار للطاقة.
8- العدوانية (ع)	لا يخشى- الآخرين، ولا يعتدي عليهم، ينتصر للضعيف.	متبجح بقوته، عدواني بدون مبرر أو ضعيف أمام الآخرين.

طريقة التصحيح وتفسير النتائج:

- عدد فقرات القائمة (112) فقرة.

- وزعت العبارات بالتساوي في (8) مقاييس فرعية(14 فقرة في كل مقياس) وقد تناولت المقاييس الفرعية الأبعاد الشخصية التالية وقد رمز لكل مقياس بحرف يمثل الفقرات التي يقيسها على النحو التالي:

1- القيمة الاجتماعية: ق   2- القدرة العقلية: د

3- الثقة بالنفس: ث   4- الاتجاه نحو الجماعة: ج

5- الجسم والصحة: م

6- الاتزان العاطفي: ن

7- النشاط: ش   8- العدوانية: ع

- الأوزان في الفقرات ذات الاتجاه الإيجابي: أوافق (2) لا أوافق (1) ويتم عكس الأوزان في حالة الفقرات السالبة.

- تتراوح الدرجة الكلية على المقياس بين (112– 224).

ملاحظة: تم تحويل العبارات من صيغة الإناث لصيغة الذكور. (الأخضر، 1989)

ثالثاً: مقياس تنسى لمفهوم الذات

أ. د. صفوت فرج   د. هبه إبراهيم

تفيد هذه القائمة في التعرف على مفهوم الذات لدى الطلبة، ويمكن أن يستفيد منها الطلبة الكبار، وخاصة التعرف على الذات الجسمية والشخصية والأسرية والاجتماعية والأخلاقية.

يصنف الكتاب السنوي للمقاييس العقلية Mental Measurements Yearbook طبعة عام 1972. (Krisen 1972) مقياس تنسى لمفهوم الذات بين أهم عشر مقاييس للشخصية حظيت ببحوث واهتمام من الباحثين، ورغم أن الكثير من المقاييس تحصل على قدر كبير من الاهتمام على امتداد فترة زمنية محدودة، إلا أننا وبعد أكثر من خمسة وعشرين عاما من تقرير بوروس، ومن خلال مسح الكتروني شامل نتبين أن هذا المقياس مازال أداه أساسية هامة في عدد ضخم من البحوث تجاوز الألفي بحث على امتداد عامي 95 - 1996 وتشير هذه الظاهرة إلى أن الاهتمام بهذا المقياس كانت له مبررات هامة بما جعله يسهم بشكل جيد في النشاط البحثي والإرشادي والإكلينيكي كما ساعد على نمو المعرفة السيكولوجية بجوانب سلوكية متعددة.

ويشير مفهوم الذات إلى خبرة الشخص بذاته أو محصله خبراته بذاته من كل المواقف السلوكية وهذا هو المعنى الذي استخدم به المصطلح منذ وليام جيمس حول نهاية القرن الماضي (James, 1890)، وهو المعنى نفسه الذي ظل عليه لدى البورت (Allport, 1961) مفهوم الذات مفهوم إدراكي متكامل غير واضح المعالم من حيث خصائصه أو الطريقة التي يتشكل بها، ولكنه شديد الوضوح في تعبيره عن نفسه وفي تشكيله لسلوك الفرد وخريطة سماته المزاجية.

- الفقرات التي تقيس الذات الجسمية هي: 1، 2، 4، 6، 7، 8، 9، 11، 12، 13، 15، 18.

- الفقرات التي تقيس الذات الشخصية: 3، 5، 10، 14، 16، 17، 37، 38، 39، 40، 41، 42، 43، 44، 45، 46، 47، 48، 49، 50، 51، 52، 53، 54.
- الفقرات التي تقيس الذات الاجتماعية: 59، 73، 74، 75، 76، 77، 78، 79، 80، 81، 82، 83، 84، 85، 86، 87، 88، 89، 90.
- الفقرات التي تقيس الذات الأسرية: 55، 56، 57، 58، 60، 61، 62، 63، 64، 65، 66، 67، 68، 69، 70، 71، 72.
- الفقرات التي تقيس الذات الأخلاقية: 19، 20، 21، 22، 23، 24، 25، 26، 27، 28، 29، 30، 31، 32، 33، 34، 45، 36.
- الفقرات التي تقيس أبعاد إكلينيكية: 91، 92، 93، 94، 95، 96، 97، 98، 99، 100.

مقياس تنسي لمفهوم الذات

الرقم	العبارات	الفقرات	لا ينطبق	تنطبق أحياناً	تنطبق تماما
-1	امتلك جسما سليما	ج	2	1	0
-2	أحب آن أبدو وسيما وأنيقا في كل الأوقات	ج	2	1	0
-3	أنا شخص جذاب	ش	2	1	0
-4	أنا مثقل بالأوجاع والآلام	ج	0	1	2
-5	اعتبر نفسي شخصا عاطفيا	ش	2	1	0
-6	أنا شخص مريض	ج	0	1	2
-7	لست بدينا جد أو نحيفا جدا	ج	2	1	0

-8	لست طويلا جدا أو قصيرا جدا	ج	2	1	0
-9	أحب مظهري أن يكون بنفس الطريقة التي هو عليها	ج	2	1	0
-10	لا اشعر أنني على ما يرام كما يجب	ش	0	1	2
-11	بودي أن أغير بعض الأجزاء من جسمي	ج	0	1	2
-12	يجب أن يكون لدى جاذبية أكثر	ج	0	1	2
-13	اعتنى بنفسي جيداً من الناحية البدنية	ج	2	1	0
-14	اشعر أنني على ما يرام معظم الوقت	ش	2	1	0
-15	أحاول أن اهتم بمظهري	ج	2	1	0
-16	مستوى أدائي الرياضي ضعيف	ش	0	1	2
-17	غالباً ما أتصرف كما لو كنت غير ماهر	ش	0	1	2
-18	نـومي قـلـيـل	ج	0	1	2
-19	أنا شخص مهذب	خ	2	1	0
-20	أنا شخص متدين	خ	2	1	0
-21	أنا شخص أمين	خ	2	1	0
-22	أنا فاشل أخلاقيا	خ	0	1	2
-23	أنا شخص سيئ	خ	0	1	2
-24	أنا شخص ضعيف من الناحية الأخلاقية	خ	0	1	2

-25	أنا راض عن سلوكي الأخلاقي	خ	2	1	0
-26	أنا متدين كما أريد أن أكون	خ	2	1	0
-27	أنا راض عن صلتي بالله	خ	2	1	0
-28	بودي أن أكون جديرا بالثقة	خ	0	1	2
-29	ينبغي أن اذهب إلى الجامع (الكنيسـة) أكـثر من ذلك	خ	0	1	2
-30	لا يجب أن أقول مثل هذه الأكاذيب الكثيرة	خ	0	1	2
-31	أنا مخلص نحو ديني في كل يوم من حياتي	خ	2	1	0
-32	افعل ما هو صواب معظم الوقت	خ	2	1	0
-33	أحاول أن أتغير عندما اعرف أنني أقوم بأشياء خاطئ	خ	2	1	0
-34	اسـتخدم أحيانـاً وسـائل غـير مشرـوعة لشـق طريقي	خ	0	1	2
-35	افعل أحياناً أشياء سيئة جدا	خ	0	1	2
-36	أجد صعوبة في أن افعل ما هو صحيح	خ	0	1	2
-37	أنا شخص مرح	ش	2	1	0
-38	لدي قدر من ضبط النفس	ش	2	1	0
-39	أنا شخص هادئ وسلس	ش	2	1	0

40-	أنا شخص حقود	ش	0	1	2
41-	أنا لاشيء	ش	0	1	2
42-	افقد أعصابي	ش	0	1	2
43-	أنا راض بان كون كما أنا تماما	ش	2	1	0
44-	أنا أنيق كما أود أن أكون	ش	2	1	0
45-	أنا لطيف تماما كما يجب علي أن أكون	ش	2	1	0
46-	أنا لست الشخص الذي أود أن أكونه	ش	0	1	2
47-	احتقر نفسي	ش	0	1	2
48-	ارغب في ألا استسلم بسهولة كما افعل	ش	0	1	2
49-	أستطيع دائماً العناية بنفسي في أي وقت	ش	2	1	0
50-	احل مشاكلي بسهولة تامة	ش	2	1	0
51-	أتتحمل التأنيب عن أشياء دون أن افقد أعصابي	ش	2	1	0
52-	أغير رأيي كثيرا	ش	0	1	2
53-	افعل أشياء بدون تفكير مسبق فيها	ش	0	1	2
54-	أحاول أن اهرب من مشاكلي	ش	0	1	2
55-	لدي أسرة تساعدني دائماً في أي نوع من المشاكل	س	2	1	0

-56	أنا شخص مهم بالنسبة لأصدقائي وأسرتي	س	2	1	0
-57	أنا عضو في أسرة سعيدة	س	2	1	0
-58	أنا غير محبوب من أسرتي	س	0	1	2
-59	أصدقائي لا يثقون بي	م	0	1	2
-60	اشعر أن أسرتي لا تثق بي	س	0	1	2
-61	أنا راض عن علاقتي الأسرية	س	2	1	0
-62	أعامـل والـدي كـما يجـب عـلي معـاملتهما (استخدام الفعل الماضي في حالة الوفاة)	س	2	1	0
-63	افهم أسرتي تماما كما يجب علي أن كون	س	2	1	0
-64	أنا حساس جدا لما تقوله أسرتي	س	0	1	2
-65	يجب علي أن أثق في أسرتي أكثر من ذلك	س	0	1	2
-66	يجب أن أحب أسرتي أكثر من ذلك	س	0	1	2
-67	أحاول أن أكون عادلا مع أصدقائي وأسرتي	س	2	1	0
-68	أقوم بأداء نصيبي من العمل في المنزل	س	2	1	0
-69	اشعر باهتمام حقيقي نحو أسرتي	س	2	1	0
-70	أتشاجر مع أسرتي	س	0	1	2
-71	استسلم لوالـدي(استخدم الفعـل المـاضي في حالة الوفاة)	س	0	1	2

-72	لا أتصرف بالطريقة التي ترى أسرتي انه يجب علي أن أتصرف بها	س	0	1	2
-73	أنا شخص ودود	م	2	1	0
-74	أنا مشهور بين النساء	م	2	1	0
-75	أنا مشهور بين الرجال	م	2	1	0
-76	أنا غاضب من العالم كله	م	0	1	2
-77	لا اهتم بما يفعله الآخرون	م	0	1	2
-78	من الصعب مصادقتي	م	0	1	2
-79	أنا اجتماعي كما أود أن أكون	م	2	1	0
-80	أنا راض عن الطريقة التي أعامل بها الآخرين	م	2	1	0
-81	أحاول أن ارض الآخرين ولكني لا أبالغ في ذلك	م	2	1	0
-82	يجب أن أكون أكثر أدبا بالنسبة للآخرين	م	0	1	2
-83	لست صالحا إطلاقاً من وجهة النظر الاجتماعية	م	0	1	2
-84	ينبغي أن أتعامل بصورة أفضل مع الآخرين	م	0	1	2
-85	أحاول أن افهم وجهة نظر الزملاء الآخرين	م	2	1	0

-86	أرى جوانب حسنة في كـل مـن التقيـت بهـم من الناس	م	2	1	0
-87	أتعامل في يسر مع الآخرين	م	2	1	0
-88	لا اشعر بالراحة مع بقية الناس	م	0	1	2
-89	لا أسامح الآخرين بسهولة	م	0	1	2
-90	أجد صعوبة بالتحدث مع الغرباء	م	0	1	2
-91	لا أقول الصدق دائماً	ك	0	1	2
-92	في بعض الأحيان أفكر في أشياء سيئة جـدا لا يصح الحديث عنها	ك	0	1	2
-93	يعتريني الغضب أحياناً	ك	0	1	2
-94	أحياناً عندما أكون على غير مـا يـرام ينتـابني الضيق	ك	0	1	2
-95	لا أحب كل من اعرفهم	ك	0	1	2
-96	أروج الشائعات قليلا في بعض الأحيان	ك	0	1	2
-97	اضحك أحياناً من النكت التي قد تخـرج عـن حدود اللياقة	ك	0	1	2
-98	اشعر أحياناً برغبة في السب	ك	0	1	2
-99	أفضل الفوز على الهزيمة في اللعب	ك	2	1	0
-100	أحياناً اوجل عمل اليوم إلى الغد	ك	0	1	2

مقياس(تنسي) لمفهوم الذات وضع هذا المقياس في الأصل قسم الصحة النفسية تنسي (1955) وقد تم تطويره في شكله الحالي على يد وليام فتس (1965) وأعد صورته العربية علاوي وشمعون، 1983 : 160- 165).

طريقة التصحيح والتفسير:

عدد فقرات المقياس (100) فقرة وتتراوح العلامة الكلية بين (0-200) ومن تزيد علامته عن (100) يدل ذلك على وجود مفهوم ذات صحي ومناسب لديه. ويمكن الاهتمام بالأبعاد للتعرف على جوانب مختلفة من مفهوم الذات.

رابعاً: تقدير الذات لروسن بيرج

تفيد هذه القائمة نظرا لاختصارها وللدراسات العديدة التي أجريت عليها في التعرف على مدى قدرة الطلبة في إصدار أحكام أكثر ايجابية عن أنفسهم. طريقة شعور الفرد نحو ذاته، بما في ذلك درجة احترامه وقبوله لها. (Corsini.1987) وهو أيضاً تقييم الفرد لقدراته وصفاته وتصرفاته. (Woolfolk, 2001)

ويبدأ تقدير الذات في التطور منذ الطفولة ويعتمد تطوره على اتجاهات الوالدين وآراء الآخرين إلى جانب خبرة الأطفال في السيطرة على البيئة التي يعيشون فيها في السنين الأولى من العمر، وتنشأ مشاعر الأطفال حول قيمهم وقدراتهم من داخلهم، وتعتمد بشكل أعلى على الاستجابات الفورية الصادرة عن أولئك الذين حولهم وبمرور الوقت يصبح لتطور تقدير الذات صلة بالجماعات الأخرى مثل الأصدقاء والأسرة، إذ يحاول الأطفال أن يجدوا مكانهم في الجماعات من خلال الأصدقاء والأندية، فعندما يتعلم الأطفال المشي يستكشفون بيئتهم ويلعبون ويتحدثون وينخرطون في جميع التفاعلات الاجتماعية، وهم ينظرون إلى والديهم والراشدين الآخرين من أجل ردود أفعالهم وهكذا فإن تقدير الذات يتطور مبدئيا نتيجة للعلاقات الشخصية داخل الأسرة فالمدرسة ثم المجتمع الكبير. (Atkinson& Hornby, 2002)

ويلعب تقدير الذات دوراً مهماً في زيادة دافعية الفرد للانجاز والتعلم وفي تطور شخصيته وجعلها أقل عرضة للاضطرابات النفسية المختلفة فقد تبين أن تقدير الذات العالي يرتبط بالصحة النفسية والشعور بالسعادة في حين أن تقدير الذات المنخفض يرتبط بالاكتئاب والقلق والتوتر والمشكلات النفسية (Mruk,1995)، وتنشأ مشكلة تقدير الذات المنخفض عندما يقيم الأشخاص أنفسهم على أساس سلوكهم أو انجازاتهم أو أعمالهم التي تظهر عدم كفايتهم وأخطائهم وفشلهم (Patterson,1980)، وقد عرف روسن بيرج (Rosenberg, 1965) تقدير الذات بأنه العور بالقيمة (Self-worth) حيث

يرى أن تقدير الذات يمثل اتجاها نحو الذات، إما أن يكون ايجابيا أو سلبيا والذي يتمثل بشعور الفرد بأنه ذو قيمة ويحترم ذاته لما هي عليه. (Allen et l, 202)

مقياس روسن بيرج لتقدير الذات Rosenberg Self-Esteem Scale

ضع دائرة حول الفقرة التي توافق عليها بشكل أكثر.

غير موافق بشدة	غير موافق بدرجة بسيطة	بين الموافقة وعدمها	موافق بدرجة بسيطة	موافق بقوة	الفقرة	الرقم
0	1	2	3	4	في المجمل أنا راض حول نفسي	1-
0	1	2	3	4	أعتقد أحياناً أنني جيد في كل شيء	2-
0	1	2	3	4	أشعر بأن لدي عدد من الأمور ذات النوعية الجيدة	3-
0	1	2	3	4	قادر على أن أعمل أشياء جيدة كما معظم الآخرين	4-
0	1	2	3	4	أشعر بأنه ليس لدي الشيء الكثير لأخجل منه	5-
4	3	2	1	0	بالتأكيد أشعر بعدم الفائدة في بعض الأحيان	6-
0	1	2	3	4	أشعر بأنني شخص له قيمة أو على الأقل مساو لمستوى الآخرين	7-
0	1	2	3	4	أرغب أن أملك احترام أكثر مع نفسي	8-

4	3	2	1	0	بشكل عـام، أميـل إلى الشـعور بـأنني فاشل	9-
0	1	2	3	4	لدي اتجاه إيجابي تجاه نفسي	10-

(Rosenberg, 1965)

التصحيح والتفسير:

تجمع الدرجات وكلما كان الفرد لديه علامات أعلى دل ذلك على تقدير مرتفع للذات. حيث تتراوح الدرجة الكلية بين (0-40) والمتوسط هو 20.

خامسا: مقياس تقدير الذات

النوع الاجتماعي: ذكر .... أنثى ....

أخي الطالب/ أختي الطالبة:

أمامك عدد من العبارات التي يستعملها الناس لوصف أنفسهم

أقرأ / اقرئي كل جملة، ثم ضع/ ضعي إشارة (✓) في المكان المناسب كما هو موضح بالمثال التالي:

العبارة	دائماً	غالباً	أحياناً	نادراً	لا أوافق
أنني راض عن نتائجي المدرسية		✓			

من الضروري أن تعرف/ وتعرفي أنه ليس هناك إجابة صحيحة أو خاطئة لأي من الجمل، ولذا اختار/ اختاري الجواب الذي يبدو لك أنه يصف شعورك أو اتجاهك بشكل عام وبصراحة، علماً بأن المعلومات ستكون سرية ولن تستخدم إلا لأغراض البحث فقط.

شاكرين لكم حسن تعاونكم..

الرقم	الفقرة	دائماً	غالباً	أحياناً	نادراً	إطلاقاً
1	أنني راض عن نتائجي المدرسية.	5	4	3	2	1
2	والداي يتوقعان مني أكثر مما أستطيع.	1	2	3	4	5
3	يزعجني النقد الموجه إلي من الآخرين.	1	2	3	4	5
4	أجد أنني قادر على تقديم رأي مناسب إذا ما استشرت.	5	4	3	2	1

5	أشعر أنني أستطيع التحدث أمام مجموعـة من الناس دون حرج أو ارتباك.	5	4	3	2	1
6	كثيراً ما أفشل في تكـوين انطباعـات جيـدة عني لدى الآخرين.	1	2	3	4	5
7	أعتقد أن لدي أفكار جيدة مقارنة بزملائي.	5	4	3	2	1
8	أستطيع مواجهة المواقف الجديـدة أو غـير المألوفة بكفاءة.	5	4	3	2	1
9	كثيراً مـا أشـعر بعـدم الـرضي عـن مسـتوى أدائي في الأعمال المطلوبة مني في البيـت أو في المدرسة.	1	2	3	4	5
10	إن نجاح الآخرين من حولي يذكرني بفشلي.	1	2	3	4	5
11	أشـعر أن هنـاك أمـوراً كثـيرة في الحيـاة لا أستطيع مواجهتها.	1	2	3	4	5
12	يثـق الآخـرين بقـدرتي عـلى إعطـاء حـلاً يناسب المشاكل التي تعترضهم.	5	4	3	2	1
13	أجد في نفسي الكفاءة للقيام بأعمال تحتاج إلى تخطيط وتنظيم.	5	4	3	2	1
14	يشعرني معلمي بأنني غير كفؤ.	1	2	3	4	5

15	إذا كان لدي ما أقوله فإنني ما أقوله دون تردد.	5	4	3	2	1
16	إنني أفهم حقيقة نفسي.	5	4	3	2	1
17	إنني خجول في الغالب.	1	2	3	4	5
18	تثير أفكاري تقدير الآخرين وإعجابهم.	5	4	3	2	1
19	كثيراً ما أندم على ما أفعل.	1	2	3	4	5
20	أفضل نفسي على الآخرين في المواقف التي تواجهني.	5	4	3	2	1
21	أعرف ما يجب أن أقوله للناس.	5	4	3	2	1
22	تختلط علي أمور حياتي من حين إلى آخر.	1	2	3	4	5
23	أشعر أن هناك مواقف كثيرة أفقد فيها الثقة بنفسي.	1	2	3	4	5
24	لا يعيرني الناس كثيراً الانتباه.	1	2	3	4	5
25	ما أعمله هو العمل الصحيح.	5	4	3	2	1
26	أستطيع أخذ زمام المبادرة في المواقف الاجتماعية.	5	4	3	2	1
27	ينتابني الشعور بالكآبة عند مواجهة موقف مشكل.	1	2	3	4	5
28	يصعب علي أن أتصرف باستقلالية وأعمل ما يراه الآخرون مناسباً.	1	2	3	4	5

29	أشعر بأنني شخص ممتع العشرة.	5	4	3	2	1
30	كثيراً ما تخليت عـن إنجـاز بعـض الأعـمال لشعوري بعدم القدرة على إنجازها.	1	2	3	4	5
31	انهزم في مواقف الجدل بسهولة.	1	2	3	4	5
32	كثيراً ما ينتابني القلق دون سبب.	1	2	3	4	5
33	أشعر بأنني ذكي.	5	4	3	2	1
34	أنا ميـال للاستسـلام بسرعة عنـدما تتعقـد الأمور.	1	2	3	4	5
35	عندما يكون لدي عـدد مـن الأمـور لاختـار بينها فإنني أجد صعوبة في الاختيار.	1	2	3	4	5
36	أشعر أنني لا أستطيع أن أصل إلى مسـتوى النجـاح الـذي حققـه بعـض النـاس الـذين أعرفهم.	1	2	3	4	5
37	كثيراً ما أحس بأن الحياة عبء ثقيل عليّ.	5	4	3	2	1
38	أشعر بالحرج بسهولة.	1	2	3	4	5

تم استخدام مقياس تقدير الذات الذي طوّرته (قسوس، 1985) في نطاق دراسة الماجستير وطُبّق على عينة كبيرة من طالبات المدارس ثانوية، ويقيس ثلاثة جوانب من تقدير الذات:

أ- الجانب العقلي: تقدير الفرد لقدراته العامة وكما تنعكس في الجانب الأكاديمي، وأرقام فقرات هذا الجانب على مقياس تقدير الذات هي: (1، 4، 7، 8، 11، 13، 16، 21، 30، 33، 34، 35، 36).

ب- الجانب الاجتماعي: تقدير الفرد لعلاقته بالآخرين ولمدى تقدير الآخرين له، وتقيسه الفقرات (2، 5، 6، 9، 10، 12، 14، 18، 22، 24، 28، 37، 26).

ج- الجانب الانفعالي: ميل الفرد نحو ذاته، وثقته بنفسه، ومدى إحساسه بالأهمية. وتقيسه الفقرات (3، 15، 17، 19، 20، 25، 27، 29، 31، 32، 38، 23).

ويتكون المقياس من (38) فقرة تعطي كل منها وصفاً تقييمياً للذات حيث يطلب من المفحوص تحديد درجة انطباق مضمون الفقرة عليه على مقياس مدرج من خمس نقاط (5= درجة عالية جداً إلى 1= درجة منخفضة جداً) ويقود المقياس إلى درجة كلية باستخراج مجموع درجات الفرد على الفقرات الفرعية، مع مراعاة عكس الفقرات ذات الصياغة السلبية لتكون الدرجة العالية ممثلة لدرجة عالية من تقدير الذات، وبذلك تكون الدرجة الدنيا على مقياس تقدير الذات هي (38) درجة وهي تعبر عن تقدير منخفض للذات. أما الدرجة العليا فهي (190) درجة. (العطوي، 2006)

سادساً: مقياس التكيف النفسي للأطفال

تفيد هذه القائمة في التعرف على مدى تكيف الأطفال في أسرتهم وحياتهم الشخصية والاجتماعية والانفعالية.

يعد التكيف النفسي Cgildren Adjustment للأطفال عاملاً مهماً في استقرارهم الشخصي وتعاملهم الاجتماعي مع الآخرين، وعند دراسة التكيف النفسي للأطفال لا بد من التطرق إلى مفهوم التكيف النفسي للأطفال، والعوامل المؤثرة فيه، والمظاهر التي يظهر من خلالها، كما لا بد من الحديث عن بعض الطرق التي تستخدم وتساعد على التكيف.

فالتكيف النفسي للأطفال هو: حالة دائمة نسبيا يكون فيها الطفل متكيفا نفسيا (شخصيا وانفعاليا واجتماعيا سواء مع نفسه أو مع بيئته)، ويشعر فيها بالسعادة مع نفسه ومع الآخرين. حيث يقدر على تحقيق ذاته واستغلال قدراته وإمكانياته إلى أقصى حد ممكن. وهذا يؤدي إلى قدرته على مواجهة مطالب الحياة. فيخلق منه شخصية متكاملة سوية، وسلوكه عاديا (زهران، 1985)، كما يرى الدسوقي (1976) أن التكيف النفسي لدى الأطفال هو: عملية إشباع لحاجاتهم، والتي تثيرها دوافعهم بما يحقق رضاهم عن أنفسهم وشعورهم بالارتياح، ويكون الطفل متكيفا إذا أحسن التعامل مع الآخرين بشأن هذه الحاجات، وأجاد تناول ما يحقق رغباته بما يرضيه ويرضي الآخرين.

عزيزي الطالب: هذه بعض العبارات التي يستخدمها الأولاد والبنات ليصفوا أنفسهم أو ليصفوا شعورهم، ضع إشارة (✘) في الخانة التي تصف شعورك أجب بصدق، حيث لا توجد إجابة صحيحة أو خاطئة.

دائماً	معظم الوقت	أحياناً	قليلاً	أبداً	الفقرات	الرقم
5	4	3	2	1	أشعر أنني إنسان له قيمة	-1
1	2	3	4	5	أعـاني مـن تقلبـات في المـزاج دون معرفـة السبب	-2
5	4	3	2	1	أتعاون مع أفراد أسرتي	-3
1	2	3	4	5	أجرح عند الضرورة شعور الآخرين	-4
1	2	3	4	5	لا أثق بنفسي	-5
5	4	3	2	1	أشعر بالسعادة	-6
1	2	3	4	5	تحدث خلافات بيني وبين أخوتي	-7
5	4	3	2	1	أتمتع بشعبية بين الزملاء	-8
5	4	3	2	1	أجعل حياتي مليئة بالتفاؤل	-9
1	2	3	4	5	أشعر بالحزن والاكتئاب	-10
5	4	3	2	1	أحب أفراد أسرتي	-11
1	2	3	4	5	أتجنب مقابلة الغرباء	-12
1	2	3	4	5	أتمنى لو كنت شخصاً أفضل مما أنا عليه	-13
5	4	3	2	1	أحب نفسي	-14
1	2	3	4	5	أشعر أن أفراد أسرتي لا يحبون بعضهم	-15
5	4	3	2	1	أشارك في النشاط المدرسي	-16
5	4	3	2	1	لا أستسلم للفشل وأحاول من جديد	-17
1	2	3	4	5	أشكو من القلق	-18
5	4	3	2	1	أثق في أفراد أسرتي	-19

1	2	3	4	5	أشعر أن زملائي يكرهونني	20-
1	2	3	4	5	أشعر أنني مظلوم وسيئ الحظ	21-
5	4	3	2	1	لا أغضب بسرعة	22-
1	2	3	4	5	أشعر أنني غريب بين أفراد أسرتي	23-
5	4	3	2	1	أتقبل نقد الآخرين	24-
5	4	3	2	1	أعدل من أفكاري أو سلوكي عند الضرورة	25-
1	2	3	4	5	أشعر برغبة في البكاء	26-
5	4	3	2	1	أتشاور مع أفراد أسرتي في اتخاذ قراراتي	27-
1	2	3	4	5	أشعر أن معاملة الآخرين لي سيئة	28-
1	2	3	4	5	أشعر أنني أقل من غيري	29-
1	2	3	4	5	أشعر أنه ليس من السهل جرح مشاعري	30-
1	2	3	4	5	أشعر أن وضع أسرتي يحد من حريتي	31-
5	4	3	2	1	أشعر أن علاقاتي حسنة مع الآخرين	32-
5	4	3	2	1	أعمل على حل المشكلات التي تواجهني بطريقة هادئة	33-
1	2	3	4	5	أشعر بالتململ وعدم الرغبة في الاستقرار في مكان معين	34-
5	4	3	2	1	أحب أن أقضي كثيراً مـن الوقت مـع أفراد أسرتي	35-

1	2	3	4	5	أشعر بالراحة إذا انصاع الزملاء لإرادتي	36-
1	2	3	4	5	أتردد كثيراً قبل قبولي بالأمور	37-
5	4	3	2	1	أشعر أن حياتي مليئة بالفرح	38-
1	2	3	4	5	أتمنى لو كنت من أسرة غير أسرتي	39-
5	4	3	2	1	أتطوع لتقديم المساعدة لمن يحتاجها	40-

يتألف هذا المقياس في صورته النهائية من أربعين فقرة موزعة في أربعة أبعاد، حيث يمثل كل بعد عشرة فقرات، وهذه الأبعاد هي:

أ- البعد الشخصي: ويشير إلى حياة الطفل الشخصية ومدى تقديره لذاته، والفقرات التي تقيسه (1، 5، 9، 13، 17، 21، 25، 29، 30، 37).

ب- البعد الانفعالي: ويشير إلى الحياة الانفعالية والمشاعر لدى الطفل، والفقرات التي تقيسه (2، 6، 10، 14، 18، 22، 26، 33، 34، 38).

ج- البعد الأسري: ويشير إلى علاقات الطفل مع أسرته، والفقرات التي تقيسه (3، 7، 11، 15، 19، 23، 27، 31، 35، 39).

د- البعد الاجتماعي: ويشير إلى علاقات الطفل مع المجتمع المحيط به كأصدقائه، والفقرات التي تقيسه (4، 8، 12، 16، 20، 24، 28، 32، 36، 40).

تصحيح المقياس:

مجموع الدرجات على المقياس هو درجة الطالب الكلية التي تشير إلى التكيف النفسي العام لديه، هذا وتتراوح الدرجات على المقياس بين (40) وهي تمثل أدنى حد

يمكن الحصول عليه، وتشير إلى مستوى متدن من التكيف النفسي، و(200) وهي تمثل أعلى درجة يمكن الحصول عليها، وتشير إلى مستوى مرتفع من التكيف النفسي لدى الطفل. والدرجة 120 هي المتوسط

وبناء على ذلك فقد تم اختيار هذا المقياس بسبب مناسبته للبيئة الأردنية وحداثته وتعدد الدراسات التي استخدمته مع الأطفال، كما تم استخدامه نظرا لسهولة فقراته بالنسبة للأطفال. (جبريل، 1996).

سابعاً: توقعات الكفاءة الذاتيّة

تفيد هذه القائمة في التعرف على القدرات لدى الطلبة كما يتوقعونها هم بأنفسهم وبشكل عام، مما ينعكس على ثقتهم بأنفسهم وصحتهم النفسية.

تعتبر توقعات الكفاءة الذاتية من البناءات النظرية التي تقوم على نظرية التعلم الاجتماعي المعرفي لباندورا والتي باتت تحظى في السنوات الأخيرة بأهمية متزايدة في مجال علم نفس الصحة Health Psychology لإسهامها كعامل وسيط في تعديل السلوك.

قائمة حول الذات تحتوي على توقعات ذاتية حول قدرة الشخص في التغلب على مواقف ومهمات مختلفة بصورة ناجحة أمّا شفارتسر (Schwarzer, 1994) فينظر لتوقعات الكفاءة الذاتية أيضاً أنها عبارة عن بعد ثابت من أبعاد الشخصية، تتمثل في قناعات ذاتية في القدرة على التغلب على المتطلبات والمشكلات الصعبة التي تواجه الفرد من خلال التصرفات الذاتية. وينسب كلا الباحثين أيضاً توقعات الكفاءة الذاتية وظيفة موجِهة للسلوك تقوم على التحضير أو الإعداد للتصرف وضبطه والتخطيط الواقعي له.

وتنبع أهمية توقعات الكفاءة الذاتية بالنسبة للممارسة التربوية والعيادية النفسية والنفسية الصحية، لأنها تؤثر على الكيفية التي يفكر بها الناس، فهي ترتبط على المستوى الانفعالي بصورة سلبية مع مشاعر القلق والاكتئاب والقيمة الذاتية المنخفضة وعلى المستوى المعرفي ترتبط مع الميول التشاؤمية ومع التقليل من قيمة الذات. (Schwarzer, 1990, 1994)

تقوم توقعات الكفاءة الذاتية على "فرضيات الفرد حول إمكانات تحقيق خيارات سلوكية معينة" (Krampen,1989:35). وبالتالي فهي تتمثل في الإدراك والتقدير الفرديين

لحجم القدرات الذاتية من أجل التمكن من تنفيذ سلوك معين بصورة ناجحة (Bandura, 1979). وتؤثر هذه الكفاءة التي يقدِرها الفرد نفسه على نوع التصرف المنجز وعلى الاستهلاك والتحمل عند تنفيذ هذا السلوك. يشكل كل من الأهداف أو المخططات ومفهوم الذات إحدى التصورات المهمة ضمن نظرية التعلم الاجتماعي. ويحاول تصور الأهداف تفسير أنماط السلوك التي تستمر لفترة طويلة على الرغم من عدم وجود مبررات خارجية لهذا الاستمرار. ويشتمل هذا التصور على تنظيم لصيرورة الشخصية أيضاً، أي أن أهدافنا أو مخططاتنا تساعدنا على وضع الأولويات وعلى الاختيار بين السلوكيات التي تبدو في العادة على الدرجة نفسها من الأهمية (Pervin, 1987).

والمقصود بالكفاءة الذاتية أو توقعات الكفاءة الذاتية "توقع الفرد بأنه قادر على أداء السلوك الذي يحقق نتائج مرغوب فيها في أي موقف معين" (جابر، 1986: 442)، وهذا يعني أنه عندما تواجه الفرد مشكلة ما أو موقف يتطلب الحل فإن الفرد، قبل أن يقوم بسلوك ما، يعزو لنفسه القدرة على القيام بهذا السلوك، وهذا ما يشكل الشق الأول من الكفاءة الذاتية، في حين يشكل إدراك هذه القدرة الشق الثاني من الكفاءة الذاتية، أي على الفرد أن يكون مقتنعاً على أساس من المعرفة والقدرة ...الخ بأنه يمتلك بالفعل الكفاءة اللازمة للقيام بسلوك ما بصورة ناجحة (Schwarzer, 1990)

مقياس توقعات الكفاءة الذاتية العامة -**Scale General Self-Efficiency**

تأليف: رالف شفارتسر **Ralf Schwarzer** ترجمة: سامر رضوان

وصف المقياس: يتألف المقياس في صيغته الأصلية من عشرة بنود يطلب فيها من المفحوص اختيار إمكانية الإجابة وفق متدّرج يبدأ من (لا، نادراً، غالباً، دائماً). ويتراوح المجموع العام للدرجات بين 10 و 40، حيث تشير الدرجة المنخفضة إلى انخفاض توقعات الكفاءة

الذاتية العامة والدرجة العالية إلى ارتفاع في توقعات الكفاءة الذاتية العامة، تتراوح مدة التطبيق بين (3-7) دقائق ويمكن إجراء التطبيق بصورة فردية أو جمعية.

السن: .... عاماً
الجنس: ....
العمل: (إذا كنت تعمل) ....
الدراسة والسنة الدراسية إذا كنت طالباً ....

تعليمات: أمامك عدد من العبارات التي يمكن أن تصف أي شخص، اقرأ كل عبارة، وحدد مدى انطباقها عليك بوجه عام، وذلك بوضع دائرة حول كلمة واحدة فقط مما يلي كل عبارة منها وهي:لا، نادراً، غالباً، دائماً.

ليس هناك إجابة صحيحة وإجابة خاطئة، وليست هناك عبارات خادعة. أجب بسرعة ولا تفكر كثيراً بالمعنى الدقيق لكل عبارة. ولا تترك أي عبارة دون إجابة.

الرقم	الفقرة	لا تنطبق	نادراً	غالباً	دائماً
-1	عندما يقف شخص ما في طريق تحقيق هدف أسعى إليه فإني قادر على إيجاد الوسائل المناسبة لتحقيق مبتغاي.	1	2	3	4
-2	إذا ما بذلت من الجهد كفاية، فإني سأنجح في حل المشكلات الصعبة.	1	2	3	4

-3	من السهل علي تحقيق أهدافي ونواياي.	1	2	3	4
-4	أعرف كيف أتصرف مع المواقف غير المتوقعة.	1	2	3	4
-5	اعتقد بأني قادر على التعامل مع الأحداث حتى لو كانت هذه مفاجئة لي.	1	2	3	4
-6	أتعامل مـع الصـعوبات بهـدوء لأني أسـتطيع دائمـاً الاعتماد على قدراتي الذاتية.	1	2	3	4
-7	مهما يحدث فإني أستطيع التعامل مع ذلك.	1	2	3	4
-8	أجد حلا لكل مشكلة تواجهني.	1	2	3	4
-9	إذا ما واجهني أمر جديد فإني أعرف كيفية التعامـل معه.	1	2	3	4
-10	أمتلـك أفكـارا متنوعـة حـول كيفيـة التعامـل مـع المشكلات التي تواجهني.	1	2	3	4

(رضوان، 1997)

ثامنا: مقياس الحاجات النفسية الأساسية

يفيد هذا المقياس في التعرف على الحاجات النفسية لدى الطلبة ومدى تلبية هذه الحاجات، وخاصة الحاجة للاستقلالية والكفاءة والقرب من الآخرين.

بين يديك قائمة تحتوي على مجموعة من الحاجات النفسية التي يحتاجها الناس في عمرك، أرجو قراءة كل من تلك العبارات ووضع إشارة (✘) في المكان المناسب الذي يتطابق مع ظروفك الحياتية، راجياً التكرم بالإجابة على جميع العبارات بكل الصراحة والصدق الممكنين.

مع العلم أن هذه القائمة لا يوجد فيها ما يمكن اعتباره صحيحاً أو خاطئا، لذا أرجو الإجابة على جميع العبارات دون استثناء، ولك خالص الشكر والتقدير.

الرقم	الفقرة	دائماً	غالباً	أحياناً	نادراً	أبداً
1-	أشعر أنني حر في أن أقرر بنفسي- أموري الخاصة	5	4	3	2	1
2-	أحب الناس الذين أتعامل معهم	5	4	3	2	1
3-	أشعر بعدم الكفاءة وضعف في قدراتي	1	2	3	4	5
4-	أشعر بالضغط في حياتي	1	2	3	4	5
5-	يمتدح ويقدر الناس الذين يعرفونني ما أقوم به	5	4	3	2	1
6-	أكون على وفاق مع الناس الذين أتعامل معهم	5	4	3	2	1
7-	أفضل أن لا أقيم علاقات اجتماعية كثيرة	1	2	3	4	5

-8	عمومـاً أشـعر بالحريـة في التعبـير عـن أفكاري وآرائي	5	4	3	2	1
-9	أعتـبر أن النـاس الـذين أتعامـل معهـم باستمرار أصدقاء لي	5	4	3	2	1
-10	لدي القـدرة عـلى تعلـم مهـارات جديـدة ومفيدة	5	4	3	2	1
-11	أضـطر إلى تنفيـذ مـا يطلبـه الآخـرون في حياتي اليومية	1	2	3	4	5
-12	أجـد الاهـتمام الكـافي مـن النـاس الـذين أتعامل معهم	5	4	3	2	1
-13	أشعر معظم الأيـام بقيمـة الإنجـاز الـذي أحققه	5	4	3	2	1
-14	يحـترم النـاس الـذين أتعامـل معهـم في حياتي اليومية مشاعري الخاصة	5	4	3	2	1
-15	لا أحصل في حياتي على الكثير مـن الفـرص حتى أظهر قدراتي وكفاءتي	1	2	3	4	5
-16	لا يوجد هنالك الكثـير مـن النـاس الـذين أعتبرهم أصدقاء مقربين مني	1	2	3	4	5
-17	أنفـذ مـا أريـده ومـا هـو مناسـب لي في مواقف الحياة اليومية	5	4	3	2	1
-18	لا يبدو على الناس الـذين أتعامـل معهـم باستمرار أنهم يحبونني كثيراً	1	2	3	4	5

-19	لا أشعر أنني أمتلك الكثير من القدرات العالية	1	2	3	4	5
-20	لا يتاح لي الكثير من الفرص لكي أتخذ قراراتي بنفسي	1	2	3	4	5
-21	الناس عموما ودودون ولطفون تجاهي	5	4	3	2	1

(أبو أسعد، 2005)

من أجل قياس الحاجات النفسية الأساسية لدى الأبناء تم تعريب مقياس الحاجات النفسية الأساسية Basic Psychological Needs Scale والذي قام ببنائه لا كواردي وآخرون (La Guardia,J.G., et.al., 2000)، ويستند على التقرير الذاتي Self-Determination كوسيلة لجمع المعلومات، ويشتمل المقياس الأصلي على (21) فقرة، تتوزع على ثلاثة أبعاد وهي كما يلي:

أ - الحاجة للاستقلالية **Autonomy**:

وتناولت أنشطة الطفل واهتماماته وأهدافه الداخلية، وتتفق هذه الأنشطة مع قيمه وتقاليده الداخلية، وبنفس الوقت حاجته للتخلص من القيود والتقاليد والقوالب المفروضة، وتقيسها الفقرات التالية: (1، 4، 8، 11، 14، 17، 20).

ب- الحاجة للكفاءة **Competence**:

وتناولت قدرة الفرد على الوصول إلى الأهداف المرغوبة، وإنجاز الأمور الصعبة، وتخطي العقبات وتحقيق أفضل النتائج كما قد تعني التفوق، وتقيسها الفقرات التالية: (3، 5، 10، 13، 15، 19).

ج-   الحاجة للقرب من الآخرين Relatedness:

والتي تختص بشعور الطفل بالأمن الناتج عن الارتباط بالآخرين والعمل معهم بأسلوب تعاوني وبعلاقات حميمة، والعمل على تكوين صداقات والعمل على إسعاد الآخرين والإخلاص لهم، وتقيسها الفقرات التالية: (2، 6، 7، 9، 12، 16، 18، 21).

تصحيح المقياس:

يتكون المقياس الحالي من (21) فقرة، تقيس ثلاثة أبعاد رئيسية، ولأغراض البحث فقد تم احتساب الدرجة الكلية على المقياس حيث تراوحت الدرجة الكلية بين 21-105، ويوصف المفحوص الذي تقترب درجته الكلية على المقياس من الحد الأعلى (105) أن حاجاته النفسية ملبية بدرجة كبيرة، ومن تقترب درجته من الحد الأدنى (21) أن حاجاته النفسية غير ملبية بتاتا. (أبو أسعد، 2005).

تاسعا: الشعور بالأمن

تهتم هذه القائمة بالتعرف على مدى شعور الطلبة بالأمن النفسي وهي تصلح للمراهقين.

يؤكد سوليفان (Sullivan) على أن الهدف الأساسي للسلوك البشري هو إشباع الحاجات (Freedman,1972) وفي هذا الإطار يشير الدسوقي (1979) إلى أن أول ما يحتاجه الأطفال من الناحية النفسية هو الشعور بالأمن العاطفي، بمعنى أنهم يحتاجون إلى الشعور بأنهم محبوبون كأفراد مرغوب فيهم لذاتهم وأنهم موضع حب واعتزاز، حيث تظهر هذه الحاجة مبكرة في نشأتها، وأن خير من يقوم على إشباعها خير قيام هما الوالدان، ويؤكد كذلك زهران (1977) أنه من الواجبات الأساسية للأسرة توفير الأمن النفسي للفرد الذي يعتبر من المتطلبات الأساسية للصحة النفسية التي يحتاج إليها الفرد كي يتمتع بشخصية إيجابية متزنة ومنتجة.

ماسلو للشعور بالأمن للمراهقين والمراهقات

الرجاء الإجابة على كل فقرة من فقرات هذا المقياس على ورقة الإجابة بصراحة وصدق وأمانة وإلا ستكون النتائج عديمة الفائدة، كما يرجى عدم ترك أي بند دون إجابة.

يرجى استعمال ورقة الإجابة الخاصة بذلك.

لا	نعم	الفقرة	الرقم
1	2	هل ترغب عادة أن تكون مع الآخرين على أن تكون وحدك؟	1-
1	2	هل ترتاح للمواقف الاجتماعية؟	2-
2	1	هل تنقصك الثقة بالنفس؟	3-
1	2	هل تشعر بأنك تحصل على قدر كاف من الثناء؟	4-

-5	هل تحس مراراً بأنك مستاء من العالم؟	1	2
-6	هل تفكر بأن الناس يحبونك كمحبتهم للآخرين؟	2	1
-7	هل تقلق مدة طويلة من بعض الإهانة التي تتعرض لها؟	1	2
-8	هل يمكنك أن تكون مرتاحاً مع نفسك؟	2	1
-9	هل أنت على وجه العموم شخص غير أناني؟	1	2
-10	هل تميل إلى تجنب الأشياء غير السارة بالتهرب منها؟	1	2
-11	هل ينتابك مراراً شعور بالوحدة حتى لو كنت بين الناس؟	1	2
-12	هل تشعر بأنك حاصل على حقك في هذه الحياة؟	2	1
-13	عندما ينتقدك أصحابك، هل من عادتك أن تتقبل نقدهم بروح طيبة؟	1	2
-14	هل تثبط عزيمتك بسهولة؟	1	2
-15	هل تشعر عادة بالود نحو معظم الناس؟	2	1
-16	هل كثيراً ما تشعر بأن هذه الحياة لا تستحق أن يعيشها الإنسان؟	1	2
-17	هل أنت على وجه العموم متفائل؟	2	1
-18	هل تعتبر نفسك شخصاً عصبياً نوعاً ما؟	1	2
-19	هل أنت عموماً شخص سعيد؟	2	1
-20	هل أنت عادة واثق من نفسك؟	2	1
-21	هل تعي غالباً ما تفعله؟	2	1
-22	هل تميل إلى أن تكون غير راض عن نفسك؟	1	2
-23	هل كثيراً ما تكون معنوياتك منخفضة؟	1	2

-24	عندما تلتقي مع الآخرين لأول مرة، هل تشعر بأنهم لن يحبوك؟	1	2
-25	هل لديك إيمان كاف بنفسك؟	2	1
-26	هل تشعر على وجه العموم بأنه يمكنك الثقة بمعظم الناس؟	2	1
-27	هل تشعر بأنك شخص نافع في هذا العالم؟	2	1
-28	هل تنسجم عادة مع الآخرين؟	2	1
-29	هل تقضي وقتاً طويلاً بالقلق على المستقبل؟	1	2
-30	هل تشعر عادة بالصحة الجيدة والقوة؟	2	1
-31	هل أنت متحدث جيد؟	2	1
-32	هل لديك شعور بأنك عبء على الآخرين؟	1	2
-33	هل تجد صعوبة في التعبير عن مشاعرك؟	1	2
-34	هل تفرح عادة لسعادة الآخرين وحسن حظهم؟	2	1
-35	هل تشعر غالباً بأنك مهمل ولا تحظى بالاهتمام اللازم؟	1	2
-36	هل تميل لأن تكون شخصاً شكاكاً؟	1	2
-37	هل تعتقد على وجه العموم بأن هذا العالم مكان جميل للعيش فيه؟	2	1
-38	هل تغضب وتثور بسهولة؟	1	2
-39	هل كثيراً ما تفكر بنفسك؟	1	2
-40	هل تشعر بأنك تعيش كما تريد وليس كما يريد الآخرون؟	2	1
-41	هل تشعر بالأسف والشفقة على نفسك عندما تسير الأمور بشكل خاطئ؟	1	2

42-	هل تشعر بأنك ناجح في عملك أو وظيفتك؟	2	1
43-	هل من عادتك أن تدع الآخرين يرونك على حقيقتك؟	2	1
44-	هل تشعر بأنك غير متكيف مع الحياة بشكل مرض؟	1	2
45-	هل تقوم عادة بعملك على افتراض أن الأمور ستنتهي على ما يرام؟	2	1
46-	هل تشعر بأن الحياة عبء ثقيل؟	1	2
47-	هل يقلقك شعور بالنقص؟	1	2
48-	هل تشعر عامة بمعنويات مرتفعة؟	2	1
49-	هل تنسجم مع الجنس الآخر؟	2	1
50-	هـل حـدث أن انتابـك شـعور بـالقلق مـن أن النـاس في الشـارع يراقبونك؟	1	2
51-	هل يجرح شعورك بسهولة؟	1	2
52-	هل تشعر بالارتياح في هذا العالم؟	2	1
53-	هل أنت قلق بالنسبة لما لديك من ذكاء؟	1	2
54-	هل تشعر الآخرين معك بارتياح؟	2	1
55-	هل عندك خوف مبهم من المستقبل؟	1	2
56-	هل تتصرف على طبيعتك؟	2	1
57-	هل تشعر عموماً بأنك شخص محظوظ؟	2	1
58-	هل كانت طفولتك سعيدة؟	2	1
59-	هل لك كثير من الأصدقاء المخلصين؟	2	1
60-	هل تشعر بعدم الارتياح في معظم الأحيان؟	1	2

-61	هل تميل إلى الخوف من المنافسة؟	1	2
-62	هل تخيم السعادة على جو أسرتك؟	2	1
-63	هل تقلق كثيراً من أن يصيبك سوء الحظ في المستقبل؟	1	2
-64	هل كثيراً ما تصبح منزعجاً من الناس؟	1	2
-65	هل تشعر عادة بالرضا؟	2	1
-66	هل يميل مزاجك إلى التقلب من سعيد جداً إلى حزين جداً؟	2	1
-67	هل تشعر بأنك موضع احترام الناس على وجه العموم؟	2	1
-68	هل باستطاعتك العمل بانسجام مع الآخرين؟	2	1
-69	هل تشعر بأنك لا تستطيع السيطرة على مشاعرك؟	1	2
-70	هل تشعر في بعض الأحيان بأن الناس يضحكون عليك؟	1	2
-71	هل أنت بشكل عام شخص مرتاح الأعصاب (غير متوتر)؟	2	1
-72	على وجه العموم، هل تشعر بأن العالم من حولك يعاملك معاملة عادلة؟	2	1
-73	هل سبق أن أزعجك شعور بأن الأشياء غير حقيقية؟	1	2
-74	هل سبق أن تعرضت مراراً للإهانة؟	1	2
-75	هل تعتقد أن الآخرين كثيراً ما يعتبرونك شاذاً؟	1	2

(دواني، 1983)

التصحيح والتفسير:

عدد فقرات المقياس (75) فقرة وتتراوح العلامة الكلية بين (75-150) والمتوسط هو (75)، وكلما زادت علامة الفرد عن (75) دل ذلك على شعوره بالأمن النفسي.

68

عاشرا: قائمة قياس التوتر

تفيد هذه القائمة في التعرف على التوتر الذي يحمله الطلبة، والذي ينعكس على حياتهم بشكل عام.

التوتر **Tension**:

حالة نفسية ترجع إلى توقع الشخص اتجاها غير موات للأحداث، ويصاحبه إحساس عام بالضيق والقلق، وأحيانا بالخوف، ومع ذلك فإنه يشمل، استعدادا للسيطرة على الموقف والتصرف في حدوده بطريقة لا لبس فيها، وتتحدد درجة التوتر بعوامل عديدة، أهما قوة الدافع، وأهمية المعنى، ووجود خبرة انفعالية مماثلة، وعدم المرونة الوظيفية الداخلة في أنواع النشاط المختلفة، وأهم العوامل التي تجلب التوتر هي الإحباط والصراعات في مجال العلاقات الشخصية ذات المغزى بين الفرد ومحيطه الاجتماعي، وعندما يتعذر حل التوتر بأفعال حقيقية، فإنه ينشط آلية الدفاع النفسي ويتسم ظهور حالات التوتر بمسحة انفعالية سلبية واضحة للسلوك وبانفعال في البنية الدافعة لنشاط الفرد ويؤدي إلى تدهور واختلال أدائه. (بتروفسكي وياروشفسكي، 1996)

عزيزي الطالب: ...

فيما يلي مجموعة من الفقرات التي تصف مشاعر الفرد، يرجى قراءة كل فقرة ووضع إشارة (✖) في العمود المقابل لها لبيان مدى انطباق تلك الفقرة على وضعك.

الرقم	الفقرة	تنطبق علي كثيرا	تنطبق عليه أحياناً	لا تنطبق علي
-1	أعاني كثيراً من الصداع.	2	1	0
-2	عندما أجلس للراحة والاسترخاء أجد نفسي- منهمكا بأفكار سلبية.	2	1	0
-3	يلازمني شعور دائم بعدم الارتياح.	2	1	0
-4	نادراً ما أشعر بالاسترخاء التام.	2	1	0
-5	أشعر بعدم القدرة على التركيز في ما أقوم به من أعمال.	2	1	0
-6	أشعر باستمرار وكأنني أرزح تحت ضغط.	2	1	0
-7	أشعر في كثير من الأوقات بالتعب الشديد.	2	1	0
-8	كثيراً ما أسرح بأفكار غير مرتبطة في ما أقوم به من أعمال.	2	1	0
-9	لا أجد نفسي متحمسا للقيام بالأعمال المختلفة.	2	1	0
-10	نادراً ما أشعر بعد النوم بأنني حصلت على قدرٍ كافٍ من الراحة.	2	1	0
-11	كثيراً ما أتشتت بأفكار غير مرغوبة.	2	1	0
-12	أشعر عموماً أن أعصابي مشدودة دون داعٍ حقيقي لذلك.	2	1	0
-13	أشعر في كثير من الأوقات وكأن رأسي سينفجر.	2	1	0
-14	أشعر أنني متردد جداً في اتخاذ قراراتي.	2	1	0

-15	أشـعر أن الأشـياء التافهـة والصـغيرة أصـبحت تزعجني.	2	1	0
-16	غالبـاً مـا أشـعر أننـي لا أملـك الطاقـة الكافيـة للقيام بواجباتي اليومية.	2	1	0
-17	كثيراً ما أؤجل ما يجب أن أتخذ به قراراً.	2	1	0
-18	أجد أن مشاعري تجرح بسهولة.	2	1	0
-19	كثيراً ما أشعر بالارتجاف في أطرافي.	2	1	0
-20	كثيراً ما أتجنب اتخاذ قراراتي.	2	1	0
-21	أشعر أنني أبالغ بـردود أفعـالي تجـاه مشـكلات الحياة العادية والبسيطة.	2	1	0
-22	كثيراً ما ينتابني تصبب العرق.	2	1	0
-23	أشعر أن كثيراً من أمور حياتي خارجة عن نطاق سيطرتي.	2	1	0
-24	تنتابني العصبية لأبسط الأصوات المفاجئة.	2	1	0
-25	كثيراً ما أشعر بتزايد في نبضات قلبي.	2	1	0
-26	أشعر أنني ضحية للظروف بلا حول ولا قوة.	2	1	0
-27	كثيراً ما أعاني مـن مشـاعر القلـق بـدون سـبب ظاهر.	2	1	0
-28	كثيراً ما يصيبني الأرق.	2	1	0
-29	كثيراً ما أعاني من نوبات الخوف.	2	1	0

30-	كثيراً ما ينتابني الكوابيس.	2	1	0
31-	أتوقع أسوأ العواقب لأية مخاطر مهما كانت بسيطة.	2	1	0
32-	كثيراً ما أعاني من النوم المتقطع.	2	1	0
33-	أحس بمسؤولية شخصية تجاه حدوث أي شيء خاطئ.	2	1	0
34-	غالباً ما أكون منهك القوى.	2	1	0
35-	أصنع من الحبة قبة.	2	1	0

طريقة التصحيح والتفسير:

هذا المقياس يقيس ثلاثة أبعاد هي: البعد الفسيولوجي كاحمرار الوجه وصعوبة التنفس والصداع وله 9 فقرات، البعد المعرفي ويهتم بالنسيان وضعف التركيز وتشتت الانتباه وله 12 فقرة، والبعد النفسي كالقلق والخوف والحساسية الزائدة واضطرابات النوم وله 14 فقرة.

ولتصحيح المقياس أعطيت الدرجة العالية علامتين والدرجة المتوسطة علامة والدرجة المنخفضة جدا العلامة صفر، علما أن جميع فقرات المقياس ايجابية وبهذا تصبح أعلى علامة على المقياس هي (70) وتعني درجة عالية من التوتر النفسي وأدنى علامة هي صفر تعني درجة منخفضة من التوتر النفسي (زواوي،1992).

إحدى عشر: مقياس القيم لسبرانـجر

المعنى اللغوي للقيم: تشتق كلمة القيمة في اللغة العربية من القيام، وهو نقيض الجلوس، والقيام بمعنى آخر هو العزم، ومنه قوله تعالى: (وأنه لما قام عبد الله يدعوه) (الجن،19) أي لمّا عزم. كما جاء القيام بمعنى المحافظة والإصلاح، ومنه قوله تعالى: (الرجال قوامون على النساء)(النساء، 34)، وأما القوام فهو العدل، وحُسن الطول، وحُسن الاستقامة "العوا، 1987م، 215-216".. كما تدل كلمة القيمة على الثمن الذي يقاوم المتاع، أي يقوم مقامه، وجمعها قيمُ، ويقال ما له قيمة إذا لم يدم على شيء (البستاني، د.ت، 764).

أما المعنى الاصطلاحي للقيم: فمع مرور الأيام شاع استعمال كلمة القيمة، فأصبحت تدل على معانٍ أخرى متعددة، فيرى علماء اللغة مثلاً أنّ للكلمات قيمة نحوية تحدد معناها ودورها في الجملة، وأنّ قيمة الألفاظ تكمن في الاستعمال الصحيح لها، كما يستعمل علماء الرياضيات كلمة القيمة للدلالة على العدد الذي يقيس كمية معينة، ويستخدمها أهل الفن كونها تجمع بين الكم والكيف، وهي بهذا تعبّر عن كيفية الألوان، والأصوات، والأشكال والعلاقة الكمية القائمة بينها، كما يستخدمها علماء الاقتصاد للدلالة على الصفة التي تجعل شيئاً ممكن الاستبدال بشيء آخر، أي قيمة المبادلة (رسلان، 1990،8-10) (مرعي وبلقيس، 1984).

يتضح مما سبق أن مفهوم القيمة (Value) من المفاهيم التي يشوبها نوع من الغموض والخلط في استخدامها، وهذا نتيجة لأنها حظيت باهتمام كثير من الباحثين في تخصصات مختلفة، ولهذا اختلف الباحثون في وضع تعريف محدد لها، ومرد ذلك الاختلاف يعزى إلى المنطلقات النظرية التخصصية لهم، فمنهم: علماء الدين، وعلماء النفس، وعلماء الاجتماع، وعلماء الاقتصاد، وعلماء الرياضيات، وعلماء اللغة.. إلخ. فلكل منهم مفهومه الخاص الذي يتفق مع تخصصه. ومن هؤلاء العلماء (بريParry) الذي يعرّف القيم

بأنها الاهتمامات، أي إذا كان أي شيء موضع اهتمام فإنه حتماً يكتسب قيمة، ومنهم من يعرفها بالتفضيلات مثل (ثورندايك Thorndike)، وهناك من يعرّف القيم بأنها مرادفة للاتجاهات مثل (بوجاردس Bogardies). وكثير من علماء النفس يرون أن القيمة والاتجاه وجهان لعملة واحدة. أما (كلايدكلاهون Clydekluckhoon)، فيعرّف القيم بأنها أفكار حول ما هو مرغوب فيه أو غير مرغوب فيه (مرعي وبلقيس، 1984).

واستناداً إلى ما سبق من تعريفات يمكن تعريف القيم بأنها: عبارة عن المعتقدات التي يحملها الفرد نحو الأشياء والمعاني وأوجه النشاط المختلفة، والتي تعمل على توجيه رغباته واتجاهاته نحوها، وتحدد له السلوك المقبول والمرفوض والصواب والخطأ، وتتصف بالثبات النسبي.

كيفية تكوين القيم:

يتم اكتساب القيم الشخصية عن طريق التنشئة الاجتماعية، إذ يشترك عدد من العوامل الرئيسة في تكوينها مثل: الدين، والأسرة، والثقافة، والتعليم، والبيئة، والجماعات المختلفة التي ينتمي لها الفرد في حياته. أي أن القيم الشخصية للأفراد تؤثر وتتأثر بثقافة المنظمات التي يعملون بها، كما أن ثقافة هذه المنظمات تستمد من ثقافة المجتمع الذي تعمل فيه وقيمه وعاداته، إذ يتشرب الفرد القيم والمعايير الاجتماعية من الأشخاص المهمين في حياته، مثل: الوالدين، والمعلمين، والقادة في العمل، والمقرَّبين من الزملاء، والأقران، ويتم ذلك في إطار ثقافة المجتمع الذي يعيش فيه (وحيد، 2001).

أنواع القيم الشخصية:

لا يوجد تصنيف موحّد يعتمد عليه في تحديد أنواع القيم، فهناك عديد من التصنيفات التي وضعها الباحثون في هذا المجال بناء على معايير مختلفة؛ ويذكر (المعايطة) الأسس التي اعتُمد عليها في تصنيف القيم على النحو التالي:

1- تصنيف القيم حسب المحتوى: إذ تنقسم القيم، حسب هذا الأساس، إلى: قيم نظرية، وقيم اقتصادية، وقيم جمالية، وقيم اجتماعية، وقيم سياسية، وقيم دينية.

2- تصنيف القيم حسب مقصدها: إذ تنقسم القيم، حسب هذا الأساس، إلى قيم وسائلية، أي تعتبر وسائل لغايات أبعد، وقيم غائبة أو نهائية.

3- تصنيفها حسب شدتها: إذ تصنف القيم، حسب هذا الأساس، إلى قيم ملزمة، أي ما ينبغي أن يكون، وقيم تفضيلية، أي يشجع المجتمع أفراده على التمسك بها، ولكن لا يلزمهم بها إلزاماً.

4- تصنيفها حسب العمومية: إذ تنقسم القيم، حسب هذا الأساس، إلى قيم عامة يعم انتشارها في المجتمع كله، وقيم خاصة تتعلق بمناسبات أو مواقف اجتماعية معينة.

5- تصنيفها حسب وضوحها: إذ تنقسم القيم، حسب هذا الأساس، إلى قسمين: قيم ظاهرة أو صريحة، وهي القيم التي يصرح بها ويعبر عنها بالسلوك أو بالكلام، وقيم ضمنية، وهي التي يستدل على وجودها من خلال ملاحظة الاختيارات والاتجاهات التي تتكرر في سلوك الأفراد.

6- القيم حسب ديمومتها: إذ تصنف القيم، حسب هذا الأساس، إلى صنفين، هما: القيم الدائمة، وهي التي تدوم زمناً طويلاً، وقيم عابرة، وهي التي تزول بسرعة (المعايطة، 2000).

ويُعد التصنيف الذي أورده عالم الاجتماع الألماني (سبرانجر) في كتابة: "أنماط الناس" من أكثر التصنيفات استخداماً في دراسة القيم، حيث قسّم القيم إلى ست مجموعات، هي: القيم الدينية، والقيم السياسية، والقيم الاجتماعية، والقيم النظرية، والقيم الاقتصادية، والقيم الجمالية، وسنوضح فيما يلي ما تعنيه هذه القيم:

1- القيم الدينية: هي مجموعة القيم التي تميز الفرد بإدراكه للكون، ويعبر عنها اهتمام الفرد وميله إلى معرفة ما وراء الطبيعة، فهو يرغب في معرفة أصل الإنسان ومصيره، ويؤمن بأن هناك قوة تسيطر على العالم الذي يعيش فيه، ويحاول أن يربط نفسه بهذه القوة، ويتميز معظم من تسود لديه هذه القيم بالتمسك بالتعاليم الدينية.

2- القيم السياسية: هي مجموعة القيم التي تُميز الفرد باهتماماته بالبحث عن الشهرة والنفوذ في مجالات الحياة المختلفة، وليس بالضرورة في مجال السياسة، ويتميز الفرد الذي تسود لدية هذه القيم بدوافع القوة والمنافسة والقدرة على توجيه الآخرين والتحكم في مستقبلهم.

3- القيم النظرية: هي مجموعة القيم التي يعبر عنها اهتمام الفرد بالعلم والمعرفة والسعي وراء القوانين التي تحكم الأشياء بقصد معرفتها، ومن الأفراد الذين تبرز عندهم هذه القيم: الفلاسفة، والعلماء، والمفكرين.

4- القيم الاجتماعية: هي مجموعة القيم التي تميز الفرد باهتماماته الاجتماعية، وبقدرته على عمل علاقات اجتماعية، والتطوع لخدمة الآخرين، ويتميز الفرد بقدرته على العطاء من وقته وجهده وماله لخدمة المجتمع، ويغلب على سلوكه الود والشفقة والإيثار.

5- القيم الاقتصادية: هي مجموعة القيم التي تُميز الفرد بالاهتمامات العملية، وتجعله يعطي الأولوية لتحقيق المنافع المادية، ويسعى للحصول على الثروة بكل الوسائل، وتبرز هذه القيم لدى رجال المال والأعمال، وأصحاب المتاجر والمصانع.

6- القيم الجمالية: هي مجموعة القيم التي تميز الفرد بالاهتمامات الفنية والجمالية وبالبحث عن الجوانب الفنية في الحياة، وتجعل الفرد يحب التشكيل والتنسيق، وتسود هذه القيم عادة لدى أصحاب الإبداع الفني وتذوق الجمال.

وتعد القيم الست المشار إليها أعلاه، قيم أساسية (مركزية) ينبثق منها العديد من القيم الشخصية، فمثلاً يتفرع من القيم الدينية بعض القيم الفرعية، مثل: قيمة الصدق، وقيمة الأمانة، وقيمة الإخلاص، وقيمة الرحمة... إلخ، ويتفرع من القيم النظرية قيم عديدة منها: قيمة التحصيل الأكاديمي، وقيمة الإنجاز، وقيمة الانضباط الذاتي (Allport&Lindzey,1960).

وظائف القيم الشخصية:

تُعد القيم من أهم مكونات الشخصية، لذلك فهي تعمل على تشكيل الكيان النفسي للفرد، من خلال قيامها بخمس وظائف أساسية ذكرها (عيسى) كما يلي:

1- أن القيم تزود الفرد بالإحساس بالغرض مما يقوم به وتوجهه نحو تحقيقه.

2- تهيِّئ الأساس للعمل الفردي والعمل الجماعي الموحد.

3- تتخذ كأساس للحكم على سلوك الآخرين.

4- تمكّن الفرد من معرفة ما يتوقعه من الآخرين وماهية ردود الفعل.

5- توجد لديه إحساس بالصواب والخطأ (عيسى، 1984).

وتتكون القيم من ثلاث مكونات:

• مكون معرفي: تعاطي المخدرات محرم شرعا ومدمر لصحة الإنسان.

• مكون وجداني: كراهية الطالب لتعاطي المخدرات.

• مكون سلوكي: الابتعاد عن تعاطي المخدرات وتحذير الآخرين منه.

من خلال هذا المقياس يمكن التعرف على القيم التي يحملها الفرد، والتي تؤثر على شخصيته واختياراته الحياتية والمهنية.

يمكن تعريف القيم بأنها الاستقامة والعدل وهي قواعد تقوم عليها الحياة الإنسانية

وأحكام تصدر على شيء ما، وهي تختلف عن العادات والتقاليد والتي هي أفعال يمارسها الفرد بالعادة ويعتاد عليها بعضها حسن وبعضها سيء، أما التقاليد فهي تأتي من جيل إلى جيل ويقلده في شيء ما، أما الأعراف فهي أساس الدين والأخلاق والمعاملات وهي تساعد على تحريك الشراع من جمودها لنقل الماضي بالحاضر ومن الحاضر للمستقبل، وهي تختلف عن السمات الشخصية والتي هي صفات جسمية وعقلية وانفعالية واجتماعية تميز الفرد عن غيره.

أخي الطالب/ أختي الطالبة:

فيما يلي عدد من الأسئلة التي تتناول بعض المواقف التي عادة ما يختلف الأفراد في المفاضلة بينها.

والمطلوب منك أن تنظر في الإجابتين لكل سؤال وتضع إشارة (✓) بين القوسين أمام الإجابة المفضلة لديك.

أما إذا وجدت صعوبة في المفاضلة بين الإجابتين لأنك توافق عليها معاً فضع إشارتي (✓ ✓) أمام الإجابة الأكثر تفضيلاً وإشارة واحدة (✓) أمام الإجابة الأقل تفضيلاً.

مع خالص الشكر والتقدير.

1- إذا كان لك صديق أو قريب يلتحق بالجامعة وطلب مشورتك فهل ستشير عليه أن يلتحق:

ع   أ.   بكلية الآداب ليصبح أخصائياً اجتماعياً يساعد الناس في حل مشكلاتهم.   (   ) (   )

ق   ب. كلية التجارة لتعلم أصول التجارة ويصبح تاجراً كبيراً.   (   ) (   )

2-   ما الدراسة التي ترى أنها تفيد البلد أكثر من وجهة نظرك:

م   أ.   اللغات والعلوم الطبيعية.   (   )

ق   ب. الاقتصاد وأعمال التجارة.   (   )

3-   إذا وجدت العنوانين الآتين في إحدى الصحف فأيهما تقرأ بعناية أكثر:

ق   أ.   تحسن عظيم في السوق التجارية.   (   )

م   ب. اكتشاف نظرية علمية جديدة.   (   )

4-   إذا كان لديك وقت فراغ فهل تفضل استغلاله في:

ع   أ.   زيارة بعض الأقرباء والأصدقاء.   (   )

د   ب. قراءة في بعض الكتب الدينية.   (   )

5-   عند حلول الأعياد هل تكون منشرحاً بسبب:

ج   أ.   الزينات والمشتريات الجديدة.   (   )

د   ب. إقامة الشعائر الدينية.   (   )

6-   عند ذهابك إلى السوق لشراء أشياء مثل الملابس أو الأحذية فهل تحرص أكثر على شراء:

ج   أ.   الأشياء ذات المنظر الجميل.   (   )

ق   ب. الأشياء ذات الصناعة المتينة والجيدة.   (   )

7-   إذا سرق احد اللصوص نقوداً من شخص ما فهل تحزن أكثر:

ع   أ.   لأن الرجل المسروق فقير ومحتاج.   (   )

ج   ب. لأن وجود اللصوص يسيء إلى سمعه البلد.   (   )

8- هل تنصح من يريد الزواج بان يختار شريك حياته.

    د أ. من أصل طيب ومتدين.   (   )

    ق ب. من عائلة غنية ومقتدرة.   (   )

9- أيهما تفضل أكثر:

    س أ. الشخص المسؤول الذي يدير عمله جيداً ويخدم الوطن.   (   )

    د ب. الشخص المتدين الممارس للعبادات.   (   )

10- أيهما يجذبك إلى الاستماع إليه أكثر:

    د أ. حديث ديني.   (   )

    م ب. حديث علمي عن الاختراعات والمكتشفات العلمية.   (   )

11- عندما تشاهد متسولاً في الشارع فهل تتضايق أكثر:

    ج أ. لأن منظرة غير مناسب ويمثل صورة سيئة للبلد أمام الأجانب.   (   )

    ع ب. لعدم قيام الجهات المسؤولة بعمل مشروعات اجتماعية تعالج الظاهرة.

    (   )

12- عندما تدخل إلى دور العبادة فما الذي ينال إعجابك أكثر:

    ج أ. منظر الزخارف والنقوش والتحف.   (   )

    د ب. خشوع الناس وأداءهم للعبادة.   (   )

13- إذا شاهدت فيلماً أو مسلسلاً فهل تستمتع أكثر إذا كان فيه:

    ع أ. قصة تعالج مشكلة اجتماعية.   (   )

    س ب. قصة تحكي أعمال سياسي أو قائد كبير.   (   )

14- هل ترى أن الشخص الفاعل للخير أكثر هو:

س أ.   من يعمل من اجل تطور البلد.   (   )

ع ب. من يعطف على الفقراء والمساكين.   (   )

15- أي الأخبار تحب الاستماع إليها أكثر:

س أ.   أخبار الاجتماعات السياسية الهامة.   (   )

ق ب. أخبار التموين والتجارة والصناعة.   (   )

16- أي الأغنية تفضل الاستماع إليها:

ج أ.   أغنيات شاعرية ذات لحن موسيقي رائع.   (   )

س ب. أغنيات وطنية تحكي عن البطولة والانتصار.   (   )

17- إذا كنت تزور معرضاً فأيهما تفضل أن تشاهد:

ج أ.   آخر الاختراعات في الزينات والتحف والديكور.   (   )

ق ب. آخر الاختراعات الميكانيكية التي تساعد على الإنتاج الاقتصادي.   (   )

18- أيهما تفضل أكثر أن تقوم به في يوم إجازتك الأسبوعي:

ج أ.   الذهاب إلى حديقة فيها مناظر جميلة.   (   )

د ب. أداء المزيد من العبادات الدينية.   (   )

19- أيهما يفيد المجتمع أكثر:

د أ.   تدريس العلوم الدينية.   (   )

م ب. تدريس العلوم الفيزيائية والرياضيات.   (   )

20- أيهما تفضل أن تقرأ:

ق أ.   مجلة تناقش المشكلات المالية والتجارية.   (   )

ج ب. مجلة تناقش مشكلات الفن كالتمثيل والموسيقى والرسم.   (   )

21- هل تفضل إذا أتيحت لك الفرصة أن تكون:

ق أ. من رجال الأعمال والتجارة الناجحين.   ( )

س ب. من رجال السياسة المشهورين.   ( )

22- المستفيد الأكثر برأيك هو:

م. أ. من يتعلم لغات وتاريخ وأدب.   ( )

س ب. من يتعلم علوم سياسية.   ( )

23- إذا كان لديك نقود زيادة عن الحاجة فهل تفضل أن تتبرع بها:

م أ. لجمعية علمية تجري أبحاثاً علمية تفيد البلد.   ( )

س ب. ادعم حملة انتخابية لشخص ترى أن فوزه سيحسن أحوال البلد. ( )

24- هل يسرك أن تقوم:

د أ. بنشر المعرفة الدينية وحث الناس على فعل الخير.   ( )

م ب. بنشر المعرفة العامة ومحاربة الجهل.   ( )

25- أيهما تفضل أن تقرأ:

ع أ. كتاباً يوضح طريقة حل مشكلات الناس.   ( )

م ب. كتاباً يوضح نشأة المجتمعات القديمة.   ( )

26- أيهما يسرك أن يهدي إليك:

س أ. كتاب يتضمن معلومات سياسية.   ( )

ج ب. لوحة فنية جميلة.   ( )

27- هل تستمتع بقراءة القصائد الشعرية:

س أ. ذات الطابع السياسي والوطني.   ( )

ع ب. ذات الطابع الاجتماعي التي تصور واقع المجتمع ومشكلاته.   ( )

28- إذا أردت أن تنفق بعض النقود في عمل الخير فهل تفضل إعطائها:

ع   أ.   للفقراء والمساكين أساعدهم في تحسين أحوالهم.   ( )   ( )

م   ب. لبناء مكتبة في مدرسة الحي الذي تعيش فيه.   ( )   ( )

29- إذا أتيح لك فرصة للسفر إلى الخارج فهل تحب أن تزور:

ق   أ.   المنشات الصناعية والإنتاجية.   ( )   ( )

م   ب. الأماكن الأثرية والتراثية.   ( )   ( )

30- من تراه أفضل في نظرك:

د   أ.   من يسعى إلى كسب المزيد من المعرفة الدينية.   ( )   ( )

ع   ب. من يسعى إلى مخالطة الناس وكسب المزيد من الأصدقاء.   ( )   ( )

(Allport&Lindzey, 1960)

التصحيح والتفسير:

كل قيمة من القيم الستة لها 10 فقرات تدل عليها، اجمع المجموع في كل منها، وقم بعمل رسم بياني لتحديد القيم من الأكثر تفضيلا إلى الأقل تفضيلا.

الرمز ع يشير إلى القيم الاجتماعية، والرمز ق يشير إلى القيم الاقتصادية، والرمز م يشير إلى القيم النظرية، والرمز د يشير إلى القيم الدينية، والرمز ج يشير إلى القيم الجمالية، والرمز س يشير إلى القيم السياسية.

ملاحظة: يصلح هذا المقياس أيضاً للتوجيه المهني، من أجل مساعدة المسترشد على التعرف على ذاته وبالتالي على قيمه.

اثنا عشر: مقياس القيم الدينية

إعداد د. سامية بنت محمد بن لادن

هذا المقياس يفيد في التعرف على القيم الدينية التي يحملها الأفراد في حياتهم كالصدق والإيثار والحلم والتواضع والأمر بالمعروف والنهي عن المنكر، ومن ثم حصر القيم الدينية الضعيفة والعمل على تنميتها.

أخي الطالب....../ أختي الطالبة.....

السلام عليكم ورحمة الـلـه وبركاته، وبعد

فيما يلي عدد من العبارات التي تهدف إلى التعرف على بعض سمات الشخصية، ويوجد أمام كل عبارة أربع اختيارات هي: دائماً، أحياناً، نادراً، لا يحدث.

والمطلوب منك قراءة كل عبارة بدقة ووضع علامة صح في مكان الاختيار الذي يعبر عن حقيقة شعورك مع ملاحظة ما يلي: الاختيار (دائماً) يشير إلى أنك توافق على ما تعنيه العبارة دائماً أو في معظم الأحيان، الاختيار (أحياناً) يشير إلى أنك توافق على ما تعنيه العبارة في بعض الأحيان، الاختيار (نادراً) يشير إلى أنك نادراً ما توافق على ما تعنيه العبارة، الاختيار (لا يحدث) يشير إلى أنك لا توافق على الإطلاق بما تعنيه العبارة.

وأنني آمل أن أحظى بتعاونك وأن تدلي ببيانات تعبر بصدق عن حقيقة شعورك تجاه المعنى الذي تحمله كل عبارة.

مسلسل	الفقرة	دائماً	أحياناً	نادراً	لا يحدث
ص1	أفي بوعدي مهما كلفني ذلك من جهد	4	3	2	1
ص2	أقول الصدق حتى لو تعارض مع بعض مصالحي	4	3	2	1
م2	أقدم النصيحة للآخرين حتى لو لم أعرفهم	4	3	2	1
ك-4	أفتخر حين أرتدي ملابس تفوق ملابس الآخرين	1	2	3	4
م5	أفعل ما أنصح به غيري من عمل الخير	4	3	2	1
إ6	أتصدق بجزء من مصروفي	4	3	2	1
إ7	أفضل إعطاء نقودي للمحتاجين أكثر من ادخارها	4	3	2	1
م8	أحث من حولي على العمل بما يرضي الله	4	3	2	1
ح9	أتحكم في تصرفاتي حين أتعرض لمهاجمة	4	3	2	1
ح10	أواجه إساءات الآخرين بهدوء وتروي	4	3	2	1
إ11	أنفذ أعمالا لأصدقائي حتى لو أنفقت عليهم من مصروفي	4	3	2	1
ك12	أبادر بتحية الآخرين حتى لو لم أعرفهم	4	3	2	1
إ-13	أتخطى الواقفين في الطابور لانجاز مطالبي	1	2	3	4
إ-14	أشعر بتوتر حين أرى لدى الآخرين إمكانيات افتقرها	1	2	3	4
ص-15	أبالغ في نقل ما أسمعه من كلام عن الآخرين	1	2	3	4

ح-16	ينفذ صبري بسهولة حين يحتد خلاف بيني وبين الآخرين	1	2	3	4
ك-17	أرفض الاعتذار للآخرين إذا أخطأت بحقهم	1	2	3	4
ك-18	أتحاشى الجلوس بجانب أحد المستخدمين	1	2	3	4
م19	أتقبل النصيحة من الآخرين	4	3	2	1
ص-20	أبالغ في سعر شيء اشتريته حين ينال إعجاب الآخرين	1	2	3	4
إ-21	أرفض إعطاء أي معلومات لزملائي لكي لا يتفوقوا علي	1	2	3	4
ص-22	أتظاهر بالمرض لإخفاء تقصيري في العمل	1	2	3	4
ص-23	ألجأ إلى المراوغة في المواقف المحرجة	1	2	3	4
ح-24	أعتبر الصلح مع الخصوم استسلام	1	2	3	4
ص-25	أمتدح الآخرين بصفات لا تنطبق عليهم	1	2	3	4
ص-26	أكذب من باب المزاح والمداعبة	1	2	3	4
م27	أحرص على تقديم النصيحة للآخرين	4	3	2	1
ص28	أتقن عملي حتى لو لم يراقبني أحد	4	3	2	1
ص29	أختلق أعذار غير حقيقية إذا تأخرت عن الحصة	4	3	2	1
ك-30	أجاري أصدقائي في الاستهزاء بالآخرين	1	2	3	4
ص-31	أهمل توصيل أمانة كلفت بها عند وجود مشقة لي	1	2	3	4

إ-32	أختار لنفسي أسهل الأعمال عند القيام بأعمال جماعية	1	2	3	4
إ33	أضحي ببعض مصالحي من أجل مصلحة أصدقائي	4	3	2	1
ص34	أحافظ على سلامة الممتلكات العامة كمحافظتي لممتلكاتي	4	3	2	1
ح-35	أنتقم من الذي يهينني	1	2	3	4
ح36	أكظم غيظي في مواقف الغضب	4	3	2	1
إ37	أعطي مصروفي للمحتاجين رغم حاجتي إليه	4	3	2	1
إ38	أسامح المحتاجين في رد ما اقترضوه مني	4	3	2	1
إ39	أتصدق للفقراء رغم قلة إمكانياتي	4	3	2	1
ص-40	أنظر في ورقة زميلي في الامتحان إذا أتيحت لي الفرصة	1	2	3	4
ص41	أتفاني في أداء عملي مهما كان شاقا	4	3	2	1
إ-42	أقدم مصلحتي الشخصية على مصالح الآخرين	1	2	3	4
إ43	أمد يد العون لكل من يطلب مساعدتي مهما كانت مكانتهم	4	3	2	1
م44	أتضايق حين أرى منكرا ولم أنه عنه	4	3	2	1
إ-45	مساعدة الآخرين مضيعة للوقت	1	2	3	4

ح46	أبدأ بالصلح مع المخطئين بحقي	4	3	2	1
ح-47	ألجأ للمشاجرة للدفاع عن حقوقي	1	2	3	4
ح48	أتسامح مع من يخطئ في حقي	4	3	2	1
م49	ألجأ للكلمة الطيبة عند تقديم النصيحة	4	3	2	1
ح50	أعفو عمن ظلمني رغم قدرتي على عقابهم	4	3	2	1
ح51	أصمتن وأذكر اللـه حين أتعرض لإهانـة تحاشـيا للغو	4	3	2	1
ك-52	أفضل عقد صلات مع شخصيات بارزة	1	2	3	4
م-53	أرى أن نهـي الآخـرين عـن أخطـائهم تـدخل في أمورهم الشخصية	1	2	3	4
ح-54	أرفض الصلح مع المخطئين بحقي حتى يعتـذروا لي	1	2	3	4
ح-55	أرد الإساءة بمثلها	1	2	3	4
إ56	أفضل أن أقضي وقت فراغي في مساعدة الآخرين أكثر من قضائه في ممارسة هواياتي	4	3	2	1
إ-57	أرتدد في إعطاء مذكراتي للآخرين	1	2	3	4
ح-58	أثور بسرعة حين أتعرض لإهانة	1	2	3	4
ك-59	أفتخر بما أملك من إمكانيات ماديـة أو معنويـة يفتقدها الآخرون	1	2	3	4
م-60	أرى أن نصـح الآخـرين يجـب أن يقتصرـ عـلى المتخصصين في أمور الدين	1	2	3	4

ص-61	أتظاهر بإتقان العمل أمام الآخرين	1	2	3	4
ك-62	أحب أن يمتدح الآخرون أعمالي	1	2	3	4
ح-63	أميل لتجريح الآخرين حين ينتقدوني	1	2	3	4
م64	أنهى أصدقائي حينما يغتابوا الآخرين	4	3	2	1
م65	أفضل أن تكون نصيحتي للآخرين سرا	4	3	2	1
ك-66	أسخر من الأفراد الذين تبدو هيأتهم متواضعة	1	2	3	4
ح67	أتحاشى الرد على الآخرين عند الغضب	4	3	2	1
ص-68	أتحيـز لأصـدقائي عنـد توزيـع أعـمال جماعيـة كلفت بتوزيعها	1	2	3	4
ح-69	أرفـض الصـحبة مـع المخطئـين بحقـي حتـى لـو اعتذروا لي	1	2	3	4
ص70	أكتم أسرار الآخرين حتى لو أفشوا سري	4	3	2	1
إ 71	أعاون المحتاجين حتى لو لم أعرفهم	4	3	2	1

طريقة تصحيح وتفسير المقياس:

القيم التي يقيسها المقياس هي: الصدق ويرمز له ب صاد، والإيثار ويرمز له بألف، والحلم ويرمز له بحاء، والتواضع ويرمز له بكاف، الأمر بالمعروف والنهي عن المنكر ويرمز له بميم. (الحسين، 2002)

التصحيح والتفسير:

اجمع كل القيم، ومن خلال ذلك يتبين القيم الدينية التي يمتلكها الطالب، والقيم التي بحاجة إلى تطوير وتنمية. علما أن عدد فقرات المقياس هي (71) فقرة وتتراوح العلامة بين (71-284) والمتوسط هو (177) وكلما زادت العلامة عن ذلك دل على امتلاك قيم دينية.

ثلاثة عشر: مقياس التفاؤل Optimism

يفيد هذا المقياس في التعرف على مدى الشعور بالتفاؤل الذي يحمله الطلبة، وعلاقة هذا التفاؤل بالرغبة الزائدة في التوجه والإقبال نحو الحياة.

إن التفاؤل والمزاج الإيجابي أمران أساسيان لصحة الجسم، وأن التفاؤل يؤثر تأثيرا إيجابيا على صحة الجسم، ويسرع بالشفاء في حال المرض، وأن هناك جانبا مهما يمكن أن يميز بين مريض وآخر في الأمل في الشفاء. ومن ناحية أخرى فإن التشاؤم - الذي يرتبط بكل من الغضب والعدائية - يتسبب في مشكلات صحية كثيرة منها ارتفاع ضغط الدم ومرض الشريان التاجي والسرطان، كما ينبئ التشاؤم بانخفاض كل من مستوى الصحة والعمر المتوقع، وارتفاع معدل الوفاة، وبطء الشفاء بعد إجراء العملية الجراحية، بل إن عددا من المؤلفين يثبت أن كفاءة جهاز المناعة تزداد لدى المتفائلين بالنسبة إلى المتشائمين، ويرون أن التفاؤل يمكن أن يقوم بدور مهم كعامل وقائي ينشط عندما يواجه الفرد صعوبات الحياة كالمرض (Segerstrom, Taylor, Kemeny & Fahey, 1998).

يعرف الشعور بالتفاؤل في معجم ويستر بأنه الميل إلى توقع أفضل النتائج، وعرفه شاير وكارفار Scheier& Carver بأنه النظرة الإيجابية والإقبال على الحياة، والاعتقاد بإمكانية تحقيق الرغبات في المستقبل، بالإضافة إلى الاعتقاد باحتمال حدوث الخير أو الجانب الجيد من الأشياء بدلا من حدوث الشر أو الجانب السيئ، وأضافا فيما بعد أن الشعور بالتفاؤل استعداد يكمن داخل الفرد لتوقع النتائج الإيجابية للأحداث القادمة، ويضيفان أن الشعور بالتفاؤل يرتبط بالتوقعات الإيجابية التي لا تتعلق بموقف معين، وهو يحدد للناس الطريق لتحقيق أهدافهم، وهو سمة من سمات الشخصية تتسم بالثبات النسبي عبر المواقف والأوقات المختلفة، ولا تقتصر على بعض المواقف (حالة) (الأنصاري، 2002). ويعرف اصطلاحا بأنه: نظرة استبشار نحو المستقبل، تجعل الفرد يتوقع الأفضل، وينتظر حدوث الخير، ويرنو إلى النجاح، ويستبعد ما خلا ذلك. (عبد الخالق، 2000)

مقياس الشعور بالتفاؤل Optimism Scale

من إعداد بدر محمد الأنصاري (2002)

كما أرجو التكرم بالإجابة على فقرات المقياس التالي بكل عناية حول مدى الشعور بالتفاؤل وذلك بوضع إشارة (✖) حول الإجابة الأقرب لك علما أنه لا يوجد إجابة صحيحة وأخرى خاطئة.

الرقم	الفقرات	إطلاقاً	نادراً	في بعض الأحيان	في معظم الأحيان	دائماً
1-	أنظر إلى الحياة على أنها هادفة	1	2	3	4	5
2-	أتقبل الحياة ببشاشة مهما تكن الأحوال	1	2	3	4	5
3-	أشعر بأن الفرصة موجودة من أجل تقدمي	1	2	3	4	5
4-	سوف أشغل منصبا مرموقا في الأعوام القادمة	1	2	3	4	5
5-	أسعد لحظات حياتي سوف تكون في المستقبل	1	2	3	4	5
6-	غالباً ما أتوقع شيئا إيجابيا في المستقبل مع الإحساس بأني استحقه	1	2	3	4	5
7-	لدي ثقة كبيرة في نجاحي	1	2	3	4	5
8-	أهتم بالمستقبل وأشعر بجدية نحوه	1	2	3	4	5
9-	تبدو لي الحياة جميلة	1	2	3	4	5
10-	أشعر أن الغد سيكون يوما مشرقا	1	2	3	4	5

5	4	3	2	1	أتوقع أن تتحسن الأحوال مستقبلا	11-
5	4	3	2	1	الماضي جميل والحاضر أجمل والمستقبل أفضل	12-
5	4	3	2	1	أنظر إلى المستقبل على أنه سيكون سعيدا	13-
5	4	3	2	1	حياتي بها بعض المشاكل ولكنني أتغلب عليها	14-
5	4	3	2	1	أتوقع نتائج جيدة	15-
5	4	3	2	1	سوف تتحقق أحلامي في حياتي	16-
5	4	3	2	1	لا مكان لليأس في حياتي	17-
5	4	3	2	1	أنا مقبل على الحياة بحب وتفاؤل	18-
5	4	3	2	1	يخبئ لي الزمن مفاجآت سارة	19-
5	4	3	2	1	ستكون حياتي أكثر سعادة	20-
5	4	3	2	1	لا يأس مع الحياة ولا حياة مع اليأس	21-
5	4	3	2	1	أرى أن الفرج سيكون قريبا	22-
5	4	3	2	1	أتوقع الأفضل	23-
5	4	3	2	1	الزواج استقرار وسعادة	24-
5	4	3	2	1	أرى الجانب المشرق المضيء من الأمور	25-
5	4	3	2	1	أفكر في الأمور البهيجة المفرحة	26-
5	4	3	2	1	لا أستسلم للحزن	27-

5	4	3	2	1	إن الآمال والأحلام التـي لـم تتحقـق اليـوم ستتحقق غدا	28-
5	4	3	2	1	أفكر في المستقبل بكل تفاؤل	29-
5	4	3	2	1	أتوقع أن يكون الغد أفضل من اليوم	30-

التصحيح والتفسير:

جميع فقرات المقياس تعتبر إيجابية وتدل على التفاؤل، وتتراوح العلامة للمقياس بين (30-150) والمتوسط هو (90) وكلما زادت العلامة عن ذلك دل على وجود مستوى مرتفع من التفاؤل.

أربعة عشر: مقياس الاتجاه نحو الحياة

يفيد هذا المقياس في التعرف على النزعة لدى الطلبة في الإقبال للحياة والاستبشار نحو المستقبل.

التوجه نحو الحياة فقد عرفه شاير وكارفر Scheier &Carver بأنه: النزعة أو الميل للتفاؤل أو التوقع العام للفرد بحدوث أشياء أو أحداث حسنة بدرجة أكبر من حدوث أشياء أو أحداث سيئة وهي سمة مرتبطة ارتباطا عاليا بالصحة النفسية الجيدة. (الأنصاري، 2002) ويعرف اصطلاحا بأنه: نظرة استبشار نحو المستقبل، تجعل الفرد يتوقع الأفضل، وينتظر حدوث الخير، ويرنو إلى النجاح، ويستبعد ما خلا ذلك (عبد الخالق،1996)

مقياس نحو الحياة Life Orientation Test (LOT)

تم استخدام مقياس التوجه الحياتي من تأليف شاير وكارفر Scheier & Carver, 1985 وتعريب بدر محمد الأنصاري. (الأنصاري، 2002)

الآن: أرجو قراءة فقرات المقياسين ووضع إشارة (✘) في الخانة الأقرب لك، علما أنه لا توجد إجابة صحيحة وأخرى خاطئة.

الرقم	الفقرات	إطلاقاً	نادراً	بشكل متوسط	في معظم الأحيان	دائماً
1-	أتوقــع حـدوث أمـور حسـنة حتـى في الظروف الصعبة	1	2	3	4	5
2-	من السهل على أن استرخي	1	2	3	4	5
3-	أنظر إلى الجانب المشرق من الأمور	1	2	3	4	5
4-	أنا متفائل بالنسبة لمستقبلي	1	2	3	4	5

-5	استمتع كثيرا بصحبة أصدقائي	1	2	3	4	5
-6	لا أتوقع أن تسير الأمور في صالحي	1	2	3	4	5
-7	لن تتحقق الأمور بالطريقة التي أريدها	5	4	3	2	1
-8	أنا لا أنفعل بسهولة	1	2	3	4	5
-9	أومن بالفكرة القائلة: بعد العسر يسرا	1	2	3	4	5
-10	أتوقع حدوث أمور سيئة في معظم المواقف	5	4	3	2	1

(الأنصاري، 2002)

التصحيح، والتفسير:

يتكون المقياس من عشرة فقرات تناسب البيئة الكويتية، إن فقرات المقياس جميعها إيجابية، وتتضمن الاستجابة للمقياس اختيار المفحوص لكل فقرة بديلا من خمسة بدائل، هي: (إطلاقاً، نادراً، بشكل متوسط، معظم الأحيان، ودائماً). ويعتمد تصحيح المقياس على ميزان خماسي من واحد إلى خمسة، هذا وتتراوح الدرجات على المقياس بين (10) وهي تمثل أدنى حد يمكن الحصول عليه، وتشير إلى مستوى متدن من الشعور بالتوجه الحياتي، و(50) وهي تمثل أعلى درجة يمكن الحصول عليها، وتشير إلى مستوى مرتفع من الشعور التوجه الحياتي.

خمسة عشر: مقياس قدرات الضمير

مفهوم الضمير: Conscience Concept

الضمير القوي هو ذلك الصوت الداخلي الذي يساعدنا على معرفة الخطأ من الصواب والضمير جنباً إلى جنب مع التعاطف، والرقابة الذاتية هو أحد الأحجار الثلاثة الأساسية للذكاء الأخلاقي.

ما يقوله أصحاب الضمير:

● أنا أعرف كيف أفعل الصواب .....

● أنا أشاهد برامج التلفزيون التي يسمح لي بها أبواي, فهذا الشيء الصواب.

● يمكنك الاعتماد على .....

● ينبغي أن تقول الحقيقة .....

ما يفعله أصحاب الضمير:

● يعملون بالطريقة التي يعرفون أنها صواب.

● لا يسرقون أو يغشون أو يكذبون لأنهم يعرفون أنه خطأ.

● يعترفون حين يخطئوا.

● يطيعون القواعد لأنها الصواب.

قياس قوة الضمير لدى الطفل (يطبق من قبل المعلم أو ولي الأمر) :

إطلاقاً	نادراً	أحياناً	غالباً	دائماً	الفقرة	الرقم
1	2	3	4	5	يعترف بالأخطاء، يقول أنا آسف	1-
1	2	3	4	5	يمكن أن يحدد سلوكه الخاطئ ويصف سبب الخطأ	2-
1	2	3	4	5	نادراً ما يحتاج إلى التنبيه والتذكرة من ذويه حول كيفية فعل الصواب	3-
1	2	3	4	5	يدرك نتائج سلوكه غير المناسب	4-
1	2	3	4	5	حين يكون على خطأ يقبل اللوم ويحاول أن يعزي المشاكل إلى الآخرين	5-
1	2	3	4	5	يشعر بالخجل أو الذنب حول أعماله الخاطئة أو غير المناسبة	6-
1	2	3	4	5	يعرف الطريقة الصحيحة للعمل ويقوم به حينما يضغط عليه الآخرون بعدم القيام به	7-
1	2	3	4	5	يحاول إجراء الإصلاح إن سبب أذى بدني أو عاطفي للآخرين	8-
1	2	3	4	5	يعرف كيف يصحح العمل الخاطئ إلى صحيح	9-
					مجموع النقاط	

طريقة التصحيح والتفسير:

عدد فقرات المقياس 9 وتتراوح العلامة بين (9-45)، والمتوسط(27) وكلما ارتفعت العلامة دل ذلك على وجود قدرات الضمير لدى الابن.

ستة عشر: مقياس قدرات الاحترام

ما يقوله الناس المحترمون :

أعذرني، سامحني، هذه وجهة نظر ممتعة، شكراً، أنا آسف، إني أزعجتك، لم أقصد المقاطعة، هل لي أن استعيد ذلك، رجاءً، لا أريد أن أتجاوز على خصوصياتك.

ما يفعله الناس المحترمون :

- ينتظرون كي ينهي المتحدث كلامه قبل أن نتحدث.
- لا يقومون بتعليقات لا مبرر لها.
- ينصتون دون مقاطعة.
- يطيعون أبائهم ومدرسيهم.
- يراعون حاجة شخص ما للخصوصية.
- يصبرون ويحترمون الكبار والمسنين.

قياس الاحترام لدى الأطفال الصغار :

الرقم	الفقرة	دائماً	غالباً	أحياناً	نادراً	إطلاقاً
-1	يعامل الآخرين باحترام بغض النظر عن العمل والمعتقدات والحضارة	5	4	3	2	1
-2	يستخدم طبقة (نغمة) صوت محترمة ويحجم عن التعليق	5	4	3	2	1
-3	يعامل نفسه بصورة محترمة	5	4	3	2	1
-4	يحجم عن القيل والقال والحديث عن الآخرين بشكل قاس	5	4	3	2	1

-5	يستخدم هيئة محترمة عند الإنصات للآخرين	5	4	3	2	1
-6	مؤدب ويستخدم عبارات مهذبة مثل (أعذرني)(رجاء)دون أن يذكره أحد	5	4	3	2	1
-7	ينصت إلى الأفكار بشكل صريح ويقوم بذلك بدون مقاطعة	5	4	3	2	1
-8	يحجم عن الشتائم أو استخدام الإشارات البذيئة	5	4	3	2	1
	مجموع النقاط					

طريقة التصحيح والتفسير:

عدد فقرات المقياس 8 وتتراوح العلامة بين (8-40)، والمتوسط(24) وكلما ارتفعت العلامة دل ذلك على وجود الاحترام لدى الابن.

سبعة عشر: مقياس قدرات التسامح (Tolerance)

مفهوم التسامح :

التسامح هو أن يحترم الناس بعضهم البعض بغض النظر عن أي فروقات سواء كانت عرقية أو دينية أو اجتماعية أو فطرية أو قدرات أو اتجاهات أو النوع.

ماذا يقول الناس المتسامحون :

- أهلاً......... أوقف ذلك..... أنت تؤذيه.
- هذا ليس مضحكاً.
- من المؤذي أن تسخر من مظهر الآخرين.
- أنت لا تعرفه، لذا لا تسخر منه.

ما يفعله الناس المتسامحون :

- يرفضون المشاركة في نشاطات تسخر من الناس لأنهم مختلفون.
- لا يضحكون على تعليقات أو نكات أو سخرية فيها أهانه لأحد.
- يركزون على الأشياء المشتركة مع الآخرين، بدلاً من الفروقات.
- يرفضون استثناء أحدهم لأنه مختلف أو ليس لديه تجربة في شيء كالآخرين.

قياس التسامح لدى الأطفال الصغار :

الرقم	الفقرة	دائماً	غالباً	أحياناً	نادراً	إطلاقاً
-1	يكشف عن التسامح مع الآخرين بغض النظر عن العمر أو الدين أو الحضارة أو النوع الاجتماعي	5	4	3	2	1

1	2	3	4	5	يبدي احتراماً نحو الكبار والمسئولين	2-
1	2	3	4	5	يعبر عن انزعاجه أو اهتمامه حين يهـان أو يظلم أحدهم	3-
1	2	3	4	5	يقـف مـع المظلـوم، ولا يسـمح بـالظلم أو عدم التسامح	4-
1	2	3	4	5	يحجم عن القيام بتعليقات أو نكات تسخر من شخص أو مجموعة	5-
1	2	3	4	5	يفخـر بحضـارته أو موروثاتـه الثقافيـة والإنسانية	6-
1	2	3	4	5	ودي ومنفتح على الناس بغـض النظر عـن الجنس أو الدين أو المعتقدات أو المظهـر أو النوع الاجتماعي أو الحضارة	7-
1	2	3	4	5	يحجـم عـن التصـنيف أو السـخرية مـن الآخرين	8-
					مجموع النقاط	

طريقة التصحيح والتفسير:

عدد فقرات المقياس 8 وتتراوح العلامة بين (8-40)، والمتوسط(24) وكلما ارتفعت العلامة دل ذلك على وجود التسامح لدى الابن.

103

ثمانية عشر: مقياس الكفاية الاجتماعية

مرحبا يا حلو كيف حالك اليوم، راح نتعلم كيف الأولاد في عمرك بتصرفوا وكيف يشوفوا الأمور وشو بيعرفوا عن هالحياة. أنا راح أسالك مجموعة أسئلة، وبدي تجاوبني بصراحة، وما راح حدا يعرف إجاباتك غيري أنا لأني ما راح أحكي لحدا، وراح أنا أعرف شو هي النتيجة بدون ما أعرف شو اسمك.

الرقم	الفقرة	دائماً	غالباً	أحياناً	نادراً	إطلاقاً
1-	بساعد أصحابي عندما يحتاجوا لي.	5	4	3	2	1
2-	بطلع وبدخل الصف بأدب.	5	4	3	2	1
3-	أنا بشارك أصحابي بس نعمل شغله.	5	4	3	2	1
4-	أنا وأصحابي بنتعاون على تنظيف الحديقة.	5	4	3	2	1
5-	أنا بحس بأصحابي لما يكونوا زعلانين.	5	4	3	2	1
6-	أحافظ على الهدوء عند ظهور المشاكل.	5	4	3	2	1
7-	أنا برد على معلمي.	5	4	3	2	1
8-	بحكي لصحابي علشان نشارك بنشاط المدرسة مثل نرسم بالألوان المائية.	5	4	3	2	1
9-	بسأل الأستاذ بشكل مؤدب.	5	4	3	2	1
10-	أنا الكل بحبني لأني شاطر.	5	4	3	2	1
11-	أنا بساعد أهلي بس بدهم إشي مني.	5	4	3	2	1
12-	أنا برد على التعليمات اللي بحكيلي إياها المعلم.	5	4	3	2	1

1	2	3	4	5	أنا بتصرف بشكل جيد في الصف.	13-
1	2	3	4	5	بحكي لصحابي يساعدوني.	14-
1	2	3	4	5	كل أصحابي بحبهم.	15-
1	2	3	4	5	لما بعرف أعمل شغله بعملها.	16-
1	2	3	4	5	أنا ما بحب أزعج أصحابي.	17-
1	2	3	4	5	إنا بسمع كلام المعلم.	18-
1	2	3	4	5	أنا ما بعصبش بسرعة.	19-
1	2	3	4	5	أنا بحب أكون قائد للصف.	20-
1	2	3	4	5	أنا بتصرف بشكل صحيح.	21-
1	2	3	4	5	بشكر أصحابي بس يعملولي إشي.	22-
1	2	3	4	5	بعصب كثير بس أصحابي يضايقوني.	23-
1	2	3	4	5	بحكي لصحابي عشان نشارك بنشاط المدرسة.	24-
1	2	3	4	5	أنا بتصرف كويس بس أكون معصب.	25-
1	2	3	4	5	بحبوني أصحابي لأني بحبهم.	26-

طريقة تصحيح المقياس:

صممت الإجابة عن الفقرات وتبلغ أدنى درجة على المقياس (26)، في حين تبلغ أعلى درجة(130) وتعني الدرجات المتدنية على المقياس ضعف في الكفاية الاجتماعية وتزداد الكفاية الاجتماعية بزيادة درجة الطفل على المقياس (ختاتنة، 2006).

تسعة عشر: مقياس مستوى الطموح

للأخصائي النفسي حمودي عبد الحسن

الرقم	الفقرة	أوافق	نوعا ما	لا أوافق
1-	أميل إلى الاستقرار في عملي والبقاء فيه ولا أتطلع لأخر أرقى منه	3	2	1
2-	أؤمن أن نجاح الإنسان في الحياة يعود لحظه وليس لجهده	3	2	1
3-	أحب أن أقوم بأعمال أتحمل فيها المسؤولية بمفردي	3	2	1
4-	أثابر وأجهد نفسي في الحصول على عمل جديد أو وظيفة ولا أتوانى حتى يحصل ذلك	3	2	1
5-	أشعر باليأس إذا لم تظهر نتائج جهودي بسرعة	1	2	3
6-	أشعر أن معلوماتي الآن هي أقل مما يجب أن تكون عليه	1	2	3
7-	أعتقد أن مستقبلي محدد ومقدر ولا استطيع تغييره	1	2	3
8-	أميل في الاشتراك في المناظرات والمسابقات لمنافسة الآخرين والفوز عليهم	3	2	1
9-	أعتقد أن من الأصلح للفرد أن ينتظر حتى تأتيه الفرصة المناسبة	1	2	3
10-	أثابر وأستمر في الأعمال التي تعترضها صعوبات وعقبات	3	2	1
11-	أقنع دائماً بما هو مقسوم لي وأرضى به	1	2	3

-12	أثق في قدرتي على تنفيـذ الأعـمال التـي يعهـد بهـا ألي تنفيذها	3	2	1
-13	حينما أقوم بعمل أنفذه وفـق خطـة محـددة ولا أتـرك ذلك للظروف والمقادير	3	2	1
-14	ينتابني اليأس أذا سارت الأمور عكـس مـا أتوقعـه مـن نتيجة	1	2	3
-15	أحـاول القيـام بالعمـل الـذي فشـل غـيري القيـام بـه والتغلب على صعوباته	3	2	1
-16	أحاول أن أحصل على ما حصل عليه الناس البـارزون في المجتمع من مكانة علمية واجتماعية	3	2	1
-17	أضع لنفسي خطة أو أسـلوب اعمـل بموجبـه لأصـل إلى مركز اجتماعي مرموق	3	2	1
-18	اعمل للتفوق والنجاح بامتياز في دراستي ولـيس مجـرد الحصول على النجاح	3	2	1
-19	.يصيبني التعب والملل من مواصلة الأعمال التي أود أن أؤديها أو أتمها	1	2	3
-20	غالباً ما أتولى القيادة في المجموعة التي أعمل معها	3	2	1
-21	أتجنب القيام بعمل مشاريع جديدة خشية الفشل فيها			
-22	أضع أهدافي بنفسي ولا انتظر قرارات من شخص أخر	3	2	1

-23	أترك الإعمال التي أرى أن انجازها يحتاج إلى جهد كبير	1	2	3
-24	أنا راض بمعيشتي بوجه عام	1	2	3
-25	إذا قمت بعمل ولم تظهر نتائجه بسرعة، اتركه وانتقل إلى عمل أخر	3	2	1
-26	حينما أقوم بعمل ما أتوقع أن تكون نتائجه مطابقة لما توقعته	1	2	3
-27	أستمر في العمل الذي عزفت على تنفيذه، مهما كانت العقبات التي تعترضه	3	2	1
-28	أضجر وأكف عن الاستمرار في العمل إذا لم تظهر نتائجه	1	2	3
-29	أترك العمل الذي فشلت فيه ولا أحاول العودة إليه مرة أخرى	1	2	3
-30	اعتقد إنني املك من القدرات ما يمكنني إن أقود جماعتي وتوجيههم	3	2	1

طريقة التصحيح والتفسير للمقياس:

عدد فقرات المقياس هو (30) فقرة، وتتراوح العلامة بين (30-90) والمتوسط هو (60) وكلما ارتفعت العلامة فوق المتوسط دل على مستوى من الطموح لدى الفرد.

عشرون: مقياس المساندة الاجتماعية

إطلاقاً	نادراً	أحياناً	غالباً	دائماً	الفقرة	الرقم
1	2	3	4	5	عندما أحتاج إلى المساعدة أجد أصدقائي من حول (ييقفون بجانبي لمساعدتي)	1-
1	2	3	4	5	عنـدما أكـون في مشكلة مكنـني طلب المساعدة من والداي أو أقربائي	2-
5	4	3	2	1	لا اعرف أحداً أثق فيه أشعر أن ثقتي بمن حولي ضعيفة	3-
1	2	3	4	5	يشعرني أصدقائي بأهميتي حتى ولو كانت تصرفاتي خاطئة	4-
1	2	3	4	5	تشعرني أسرتي بالرضا والقوة	5-
5	4	3	2	1	عندما أواجه متاعب لا أبوح (لا احكي) بها لأحد أتكتم عند مواجهتي مشاكل	6-
1	2	3	4	5	أصدقائي لطفاء كويسين (معي بغض النظر عـما افعلـه) أحـس أن أصـدقائي يعـاملونني معاملة طيبة	7-
1	2	3	4	5	منذ صغري أتلقى قـدر كبير مـن مساندة والداي	8-
5	4	3	2	1	كان لدي أصدقاء حميمـين أتحـدث معهـم عن أسراري ولم يعد لدي أصدقاء الآن	9-

5	4	3	2	1	اشعر أنني فقدت أصدقائي الذين كنت احكي لهم أسراري	10-
1	2	3	4	5	عندما أكون في مشكلة أستطيع أن أعتمد على زملائي القريبين مني لمساعدتي	11-
1	2	3	4	5	أشعر بالراحة عندما اطلب المساندة من أسرتي	12-
5	4	3	2	1	أشعر بالوحدة كما لو كان ليس لي احد اعرفه (أشعر بالوحدة وفقدان أصدقائي الذين كنت أعرفهم)	13-
1	2	3	4	5	أشعر أنني محل اهتمام أو موضع اهتمام من زملائي الذين يعيشون بالقرب مني	14-
1	2	3	4	5	طوال حياتي أجد من يساعدني عندما أحتاج إلى المساعدة	15-
1	2	3	4	5	يوجد أفراد ألجأ إليهم لمساعدتي عندما اشعر بعدم السعادة أو أواجه متاعب(مشاكل)	16-
1	2	3	4	5	تعاملات زملائي معي تجعلني أشعر بأهميتي	17-
1	2	3	4	5	يساعدني إخوتي وأخواتي عندما أحتاج إلى المساعدة	18-

5	4	3	2	1	أنا غير منتمـي (إلى أي جماعـات اجتماعيـة نشاطات اجتماعية)	19-
5	4	3	2	1	أشعر بعـدم وجود مساندة حقيقيـة من زملائي	20-
5	4	3	2	1	أعتقد أن النـاس لا يحتاجون إلى بعضـهم البعض ويمكنهم الاعتماد على أنفسهم	21-
1	2	3	4	5	المسـاعدة المعنويـة مـن الأصدقاء هامـة بالنسـبة لي وأعتقد أن المسـاندة المعنويـة مهمة	22-
1	2	3	4	5	أشعر بالراحة عندما ألجا إلى رجال الدين أو الشيوخ طلباً للمساعدة.	23-
1	2	3	4	5	أثق في نفسي وفي قـدرتي عـلى التعامـل مـع المواقـف الجديـدة دون مسـاعدة مـن الآخرين	24-

(دياب، 2006)

طريقة التصحيح والتفسير للمقياس:

عدد فقرات المقياس هي (24) وتتراوح العلامة بين (24- 120) والمتوسط (72) وكلما ارتفعت العلامة فوق المتوسط دل ذلك على زيادة في المساندة الاجتماعية.

111

واحد وعشرون: مقياس المسؤولية الاجتماعية

عزيزي الطالب أمامك مقياس المسئولية الاجتماعية يشتمل على عدة عبارات من فضلك اقرأ كل عبارة بعناية ثم اختار كل ما تراه مناسب وفق خمس حالات وضع إشارة (✘) أمام العبارة التي تختارها علما أن الحالات الخمس هي: أوافق بشدة، أوافق، غير متأكد، معارض، معارض بشدة،

معارض بشدة	معارض	غير متأكد	أوافق	أوافق بشدة	الفقرة	الرقم
1	2	3	4	5	أحرص على تكوين علاقات الاجتماعية مـع زملائي.	1-
1	2	3	4	5	أشعر بالضيق والخجل إذا تأخرت عـن طابور الصباح.	2-
5	4	3	2	1	أشعر أن مشاركتي المناسبات العامة لا قيمة لها.	3-
1	2	3	4	5	أنهي أي عمل أقوم به على أكمل وجه.	4-
5	4	3	2	1	أشعر بأن دوري محدود في المجتمع لا يقدم ولا يؤخر.	5-
5	4	3	2	1	أحرص على عدم التدخل إذا رأيت أحـد الزملاء يسبب أذى للآخرين.	6-
1	2	3	4	5	أساعد زميلي ضعيف النظر وأجلسه أمامي.	7-
1	2	3	4	5	أبادر لتقديم المساعدة لوالدي في كل وقت.	8-

1	2	3	4	5	أساعد رجال الأمن والشرطة في حفظ الأمن لكل مواطن	9-
5	4	3	2	1	إذا اقتضت مصلحتي الغش فإني ألجأ إليـه لتحقيق النجاح.	10-
5	4	3	2	1	أرفع صوت المذياع مادمت أشعر بالحرية.	11-
1	2	3	4	5	أساهم في جمـع التبرعـات لمساعدة المحتاجين.	12-
5	4	3	2	1	حضوري متأخر عن الحصة الأولى لا يسبب لي أي إزعاج.	13-
5	4	3	2	1	أعمل على تحقق أهدافي بغـض النظر عـن الوسيلة.	14-
1	2	3	4	5	أسرع لمساعدة الجيران عند طلب المساعدة.	15-
1	2	3	4	5	أنصح زملائي بعدم العبث بأثاث المدرسة	16-
1	2	3	4	5	أمنـع أصدقائي مـن التعـرض أو التحـرش بعابري الطريق.	17-
1	2	3	4	5	أشرح لزملائي المواد الصعبة	18-
1	2	3	4	5	التصرفات الخاطئة التي يقوم بها البعض لا مبرر لها.	19-

1	2	3	4	5	أقنع زملائي بالصلاة في المسجد.	20-
1	2	3	4	5	أهتم بالبرامج ذات الطابع الاجتماعي.	21-
5	4	3	2	1	أعزل نفسي إذا تعرضت بلدي لمرض معدي.	22-
1	2	3	4	5	أحـل أي مشكلة تـواجهني وحـدي بـدون الاستعانة بالزملاء.	23-
5	4	3	2	1	أجلس مع زملائي ونتناول موضوعات ليسـت لها قيمة.	24-
1	2	3	4	5	أشارك زملائي في زيارة المعلمين باستمرار	25-
5	4	3	2	1	إذا توفر لي مال كثير أصرفه وأتمتع به.	26-
1	2	3	4	5	أساعد زملائي بإعارة كتبي لهم.	27-
5	4	3	2	1	أشعر بالضيق عنـدما أدعى للمشاركة في المناسبات الاجتماعية	28-
5	4	3	2	1	أثنـاء الاحتيـاج أشغـل نفسـي بـبعض المسلسلات التلفزيونية.	29-
5	4	3	2	1	لا يهمني مـا يقولـه زملائي عني بـأني غـير اجتماعي.	30-
1	2	3	4	5	ما دمت مخلصا لله فيجب أن أكون مخلصا للآخرين.	31-

114

5	4	3	2	1	أرى أنه حقي السير في أي مكان في الشارع.	32-
1	2	3	4	5	أساعد رجال الإسعاف بتسهيل المرور لهم.	33-
5	4	3	2	1	أؤمن بالمثل القائل : أنا ومن بعدي الطوفان	34-
1	2	3	4	5	أحـرص عـلى الاستماع لـدرس دينـي في المسجد.	35-
5	4	3	2	1	ألقي بالمهلات على الأرض أثناء الاستراحة.	36-
5	4	3	2	1	الوقوف في الطابور لتحقيق مصلحة معينـة يرهقني ويضيع وقتي.	37-
1	2	3	4	5	أقوم للصلاة إذا سـمعت النـداء وأتـرك أي عمل بيدي.	38-
1	2	3	4	5	أغلق صنبور المياه بعد الشرب.	39-
5	4	3	2	1	اخجل جدًا إذا كان أبي يعمل في النظافة	40-
1	2	3	4	5	أخصص بعض الوقت للمطالعـة وللتثقيـف الذاتي.	41-
1	2	3	4	5	ألتزم بالقوانين والضوابط المدرسية باستمرار.	42-

1	2	3	4	5	أشارك في فعاليات الإذاعة المدرسية.	43-
5	4	3	2	1	أرى أن عـدم الالتـزام بالوقت في المدرسـة ليس له علاقة بالتدين.	44-
5	4	3	2	1	أشعر أن مسئولية الآبـاء مسئولية ثانويـة اتجاه أبنائهم	45-
1	2	3	4	5	لا أهتم بالمشاركة في المناسبات الوطنيـة مـا دمت متفوق	46-
1	2	3	4	5	أتضـايق عنـدما أري كتابـة عـلى الجـدران مخلة بالآداب العامة.	47-
5	4	3	2	1	أعتبر الإذاعة المدرسية مضيعة للوقت.	48-
1	2	3	4	5	أوضـح لـزملائي خطـورة بعـض المشـاكل الاجتماعية في بلدي	49-

(قاسم، 2008)

طريقة التصحيح والتفسير للمقياس:

يتكون المقياس من (49) فقرة وتتراوح الدرجة بين (49-245) والمتوسط هـو (147) وكلمـا ارتفعت الدرجة دل على وجود تحمل مسؤولية لدى الفرد، علما أن المقياس يتكون من أبعاد وهـي: المسؤولية الذاتية، والمسؤولية الدينية، والمسؤولية الجماعية، والمسؤولية الوطنية.

اثنان وعشرون: اختبار معرفة خمول النفس وكسلها

الخمول هو شعور الإنسان بقلة الطاقة والحركة والنشاط، وشعوره بالكسل والنعاس والرغبة في النوم.

إذا أردت أن تعرف هل تعاني من الخمول أو لا، يرجى الإجابة عن الأسئلة الآتية، بما يعبر عما تفعله في حياتك:

لا	نعم	الفقرة	الرقم
1	0	هل تشعر كثيرا بالرغبة في النوم والنعاس	1-
1	0	هل تعيش في منطقة مكتظة بالسيارات	2-
1	0	هل تحب السهر والنوم المتأخر	3-
1	0	هل تجلس أمام التلفزيون والفيديو كثيرا	4-
1	0	هل تعاني من الاكتئاب	5-
1	0	هل ترى أن المشكلات التي تحيط بك أكبر منك	6-
1	0	هل تعتمد على الآخرين كالخادمة في كثير من الأشياء	7-
1	0	هل تؤمن بالمثل الشعبي " كل تأخيره فيها خيرة".	8-
1	0	هل تعتبر نفسك من المتشائمين	9-
1	0	هل تتناول طعام الإفطار في الصباح	10-
0	1	هل تطبق شعار لا تؤجل عمل اليوم إلى الغد	11-
0	1	هل وزنك متناسب مع طولك	12-
0	1	هل تمارس بعض التمارين الرياضية بشكل منتظم	13-

طريقة التصحيح والتفسير:

- إذا حصلت على 10 درجات فأكثر فأنت شخص نشيط وغير كسول، ولا تعاني من الخمول

- استمر على نمط حياتك هذا، مع زيادة التمارين الرياضية وجعلها بشكل منتظم ودوري.

- إذا حصلت على 5-9 درجات فأنت أحياناً نشيط، وأحيانا أخرى كسول ننصحك بأن تقرأ أكثر وتعرف أسباب عدم نشاطك

- إذا حصلت على 4 درجات فأقل فأنت شخص كسول تعاني من الخمول في حياتك وعملك بطيء. (عبد الكافي، 2001)

ثلاثة وعشرون: مقياس السلوك الصحي

فيما يلي مقياسا يبين السلوك الصحي الذي يقوم به الأفراد، أرجو تحديد ما يناسبك من تلك الفقرات:

الرقم	الفقرة	دائماً	أحياناً	إطلاقاً
-1	أبتعد عن التدخين أو الأماكن التي فيها رائحة التدخين	2	1	0
-2	أحافظ على عدد ساعات نوم كافية لجسمي	2	1	0
-3	أراجع الطبيب بشكل دوري للاطمئنان على مستوى النبض والضغط لدي	2	1	0
-4	أرتدي الملابس المناسبة لدرجة الحرارة	2	1	0
-5	أقي نفسي بالعادة من أشعة الشمس	2	1	0
-6	أنظف أسناني بانتظام	2	1	0
-7	أتناول كميات مناسبة من اللحوم	2	1	0
-8	أتناول الفاكهة تقريبا كل يومين إلى ثلاثة أيام	2	1	0
-9	أحافظ على نسبة معتدلة من الأملاح في الطعام	2	1	0
-10	أتناول المواد الغذائية الغنية بالألياف كالسبانخ مثلا	2	1	0
-11	أتجنب تناول الدهون حفاظا على صحتي	2	1	0
-12	أتناول عدد من وجبات الطعام مناسبة لي	2	1	0
-13	أنا منتظم في تناول الفطور	2	1	0
-14	أستحم مرتين إلى ثلاث مرات في الأسبوع	2	1	0
-15	أنا معتاد على المشي يوميا	2	1	0

-16	أحافظ على السرعة القانونية عند قيادة السيارة أو عندما يقودها غيري	2	1	0
-17	أشاهد التلفاز من مسافة ملائمة ثلاث أمتار تقريبا	2	1	0
-18	متابعتي للتلفاز لا تزيد يوميا عن ثلاث ساعات	2	1	0
-19	أفحص نسبة الكولسترول بشكل دوري	2	1	0
-20	أبذل جهدا جسدي يناسب عمري يوميا	2	1	0
-21	أتناول من فنجان إلى فنجانين قهوة يوميا	2	1	0
-22	لا أثير نفسي حتى أحافظ على صحتي بشكل عام	2	1	0
-23	أراجع طبيب الأسنان بشكل دوري	2	1	0
-24	أنا منتظم في تناول الدواء	2	1	0
-25	لا أضع سماعة الهاتف على أذني أكثر من ساعة يوميا	2	1	0
-26	أراعي غسيل اليدين بالصابون بعد الخروج من الحمام	2	1	0
-27	أبتعد عن المقربين مني عندما أكون مريضا حتى لا أتسبب في مرضهم	2	1	0
-28	أبتعد عن المرضى من أجل عدم نقل العدوى لي	2	1	0
-29	أغير ملابسي وخاصة الداخلية مرة إلى مرتين أسبوعيا على الأقل	2	1	0
-30	أقوم بالفحوص الوقائية عندما أشك بوجود أمراض خطيرة كالسكري أو السرطان	2	1	0
-31	أقلم أظافري بشكل متكرر وعند الحاجة	2	1	0
-32	أقص شعري عند الحاجة لذلك	2	1	0

-33	أمارس بعض الأعمال البدنية يوميا لتعبئة وقت الفراغ لدي	2	1	0
-34	ألجأ إلى من يخفف عني قلقي النفسي عندما أكون متوترا	2	1	0
-35	لا أرهق نفسي- يوميا جسديا أو نفسيا حتى في المناسبات الخاصة أو الظروف التي أمر بها	2	1	0

طريقة التصحيح والتفسير للمقياس:

استخدم هذا المقياس للراشدين، ويمكن استخدامه للطلبة في المرحلة الثانوية العليا والدراسات العليا، وعدد فقرات المقياس (35) وتتراوح الدرجات بين (0-70) والمتوسط هو (35) وفي حالة ارتفعت درجات الفرد عن المتوسط دل على امتلاكه للسلوك الصحي. (من دراسة تحت النشر للمؤلف وللدكتور سامي الختاتنة،2011)

أربعة وعشرون: مقياس التكامل النفسي لكبار السن:

فيما يلي مقياسا يبين مستوى التكامل النفسي لدى كبار السن، أرجو تحديد ما يناسبك من تلك الفقرات:

الرقم	الفقرة	أوافق	أحياناً	لا أوافق
-1	أعتقد أنني في الحياة قد بذلت كل جهدي وأنا راضي عن نفسي	2	1	0
-2	لو قُدر لي إعادة زواجي لاخترت نفس الشريك	2	1	0
-3	أنا راض عن طريقة تربيتي لأبنائي	2	1	0
-4	أنا راض عن الانجازات التي حققتها في حياتي	2	1	0
-5	لقد كان ماضيّ سعيدا	2	1	0
-6	أعيش أيامي الحالية مقتنعا بوضعي المادي والاجتماعي والنفسي	2	1	0
-7	أتقبل فكرة الموت لأنها حقيقة لا يمكن إنكارها	2	1	0
-8	لو قدّر لي أن أموت حاليا سأكون راضيا ومرتاحا	2	1	0
-9	امتلكت مهارات في الحياة جعلتني أشعر بالسعادة	2	1	0
-10	بذلت جهدي في الحياة لإقامة أسرة سعيدة مريحة آمنة	2	1	0
-11	أنا راض عن تدهور وضعي الجسمي الذي بدأ يلازمني	2	1	0
-12	لقد تكيفت مع تدني دخلي وتركي للعمل في بعض الأوقات	2	1	0
-13	لو توفي شريكي حاليا (أو توفي قديما) فأستطيع التكيف والعيش بدونه	2	1	0

-14	أعتقد أنه لـو أصبت بـأمراض أكـثر صـعوبة وخطـورة فـإنني سأتعامل معها بكل هدوء وآمان	2	1	0
-15	إن اختلاف مظهري في هذا العمر شيء طبيعي وأنا راضي عنه	2	1	0
-16	أنام وأنا مطمئن يوميا لأن حياتي ملئت بالانجازات السابقة	2	1	0
-17	لقـد أشـبعت رغبـاتي وخاصـة الجنسـية بالطريقـة الشرـعية المقبولة	2	1	0
-18	أنا غير خائف من المستقبل لأن لدي إيمان بالله أولا ثم بنفسي	2	1	0
-19	لقد تعلمت وأنا راض عن مستوى تعليمي	2	1	0
-20	مارست السـلوك والشـعائر الدينيـة في الحيـاة وأنـا راض عـن علاقتي مع خالقي	2	1	0
-21	لدي العديد من العلاقـات الاجتماعيـة ومـا زلـت أعمـل عـلى تطويرها	2	1	0
-22	أملأ وقتي دائماً حاليا وقديما بالعمل وبخدمة الآخرين	2	1	0
-23	أعتقد أن كبر السن فترة ممتعة وأنا انتظرها بفارغ الصبر	2	1	0
-24	لقد أنجزت في حياتي قديما وأنجز حاليا وسـأبقى أنجـز وأضـع أهدافا لي لأعمل في المستقبل	2	1	0
-25	في حياتي ارتكبت أخطاء ولكنني عملت على تجاوزها	2	1	0

26-	إنني أحب التعامل مع جميع الناس وليس فقط مع كبار السن	2	1	0
27-	أرى أن كبر السن وقار وأنا راض عن ذاتي	2	1	0
28-	لو قُدر لي حاليا أن أرتكب سلوكا خاطئا لرفضت ذلك	2	1	0
29-	إن لي هدفا في الحياة وأدوارا لا بد من تحقيقها وقد حققت الكثير منها	2	1	0
30-	لقد علمت أبنائي وعشت لهم وأنا راض عن أسلوب التنشئة الذي استخدمته معهم	2	1	0

طريقة التصحيح والتفسير للمقياس:

عدد فقرات المقياس هي(30) فقرة، وتتراوح العلامات بين (0-60) والمتوسط هو (30) وكلما حقق الفرد علامات أكثر فوق المتوسط دل على مستوى مناسب من التكامل النفسي لديه، مع العلم أن هذا المقياس يناسب كبار السن، وهو ضمن دراسة تحت النشر من إعداد المؤلف والدكتور سامي الختاتنة

مقاييس المشكلات والاضطرابات

أولا: مقياس السلوك العدواني

يفيد هذا المقياس في التعرف على وجود السلوك العدواني لدى بعض الطلبة، من خلال التعرف على المظاهر التي تحدث وتدل عليه. ويمكن أن يطبق بشكل جماعي لقياس وجود الظاهرة في المدرسة وبالتالي العمل في سبيل معالجة مظاهرها.

تعريف السلوك العدواني:

عرفه باص (Buss, 1961) بأنه شكل من أشكال السلوك الذي يتم توجيهه إلى كائن حي آخر، ويكون هذا السلوك مزعجا له (عبد القوي، 1995، ص: 283)، كما يذهب باندورا Bandura,1973 إلى أن العدوان سلوك يهدف إلى إحداث نتائج تخريبية أو مكروهة، أو السيطرة من خلال القوة الجسدية أو اللفظية على الآخرين وينتج عنه إيذاء شخص أو تحطيم ممتلكات، وقد وضع ثلاثة معايير لتحديد السلوك العدواني وهي:

- خصائص السلوك نفسه كالاعتداء الجسمي أو الإهانة وإتلاف الممتلكات.

- شدة السلوك فالسلوك الشديد يعتبر عدوانا كحدة الصوت.

- خصائص الشخص المعتدى: عمره، جنسه، سلوكه في الماضي.

- خصائص المعتدى عليه (أحمد، 1995، ص: 14).

حضرة المعلم/ المعلمة المحترم...

بين يديك قائمة بفقرة، أنماط السلوك العدوانية، يرجى منك المساعدة في التعرف على الطلبة الذين يظهرون مثل هذه الأنماط وذلك بالاستعانة بالقائمة المرفقة.

الرجاء قراءة كل فقرة، وتحديد ما إذا كانت تنطبق على الطالب أم لا. فإذا كانت لا تنطبق علية ضع دائرة حول الرقم (صفر). وإذا كانت تنطبق عليه أحياناً ضع دائرة حول (1) الرقم، وإذا كانت تنطبق عليه دائماً أو باستمرار ضع دائرة حول الرقم (2).

الرقم	الفقرة	لا يحدث	أحياناً	باستمرار
1-	يسبب الأذى للآخرين بطريقة غير مباشرة	0	1	2
2-	يبصق على الآخرين	0	1	2
3-	يدفع أو يخمش أو يقرص الآخرين	0	1	2
4-	يشد شعر الآخرين أو آذانهم	0	1	2
5-	بعض الآخرين	0	1	2
6-	يرفس أو يضرب أو يصفع الآخرين	0	1	2
7-	يحاول خنق الآخرين	0	1	2
8-	يرمي الأشياء على الآخرين	0	1	2
9-	يستعمل أشياء حادة (مثل السكين) ضد الآخرين	0	1	2
10-	يمزق أو يشد أو يمضغ ملابسه	0	1	2
11-	يلوث ممتلكاته	0	1	2
12-	يمزق دفاتره أو كتبه أو أي ممتلكات أخرى	0	1	2
13-	يمزق دفاتر أو كتب أو أي ممتلكات للآخرين	0	1	2
14-	يمزق أو يشد أو يمضغ ملابس الآخرين	0	1	2
15-	يلوث ملابس الآخرين	0	1	2
16-	يمزق المجلات والكتب. أو أي ممتلكات عامة أخرى	0	1	2

17-	يتعامل بخشونة مفرطة مع الأثاث (كضربة أو كسره أو رميه على الأرض).	0	1	2
18-	يكسر الشبابيك.	0	1	2
19-	يبكي ويصرخ.	0	1	2
20-	يضرب الأشياء بقدميه وهو يصرخ ويصيح	0	1	2
21-	يرمى بنفسه على الأرض ويصيح ويصرخ	0	1	2
22-	يضرب بقدميه أو يغلق الأبواب بعنف	0	1	2
يقوم بأشياء أخرى (حددها):				

التصحيح وتفسير النتائج:

- عدد فقرات المقياس (22) فقرة.
- الأوزان: لا يحدث أبدا (صفر) يحدث أحياناً (1) يحدث دائماً (2).
- الدرجة الكلية للمقياس تتراوح بين (صفر- 44).
- اعتبرت العلامة (18) فما فوق مستوى عال من العدوانية (العمايرة، 1991).

أولاً: مقياس قلق الامتحان لسارسون

القلق هو مشاعر تدور حول تهديدات قريبة غير محددة لا يوجد لها أساس واقعي، ويظهر القلق في مظاهر معرفية (أفكار حول شيء مخيف)، سلوكية (سلوكيات تجنب للمواقف المثيرة للقلق مثل التحدث أمام الجمهور)، مظاهر جسمية (ضيق التنفس، زيادة العرق، توتر عضلي، ارتفاع ضغط الدم، عسر الهضم. (Oltmanns & Emery ,1998)

يفيد هذا المقياس في مساعدة المرشد في التعرف على وجود القلق لدى بعض الطلبة أثناء الامتحانات والذي يؤثر على أدائهم، وبالتالي مساعدتهم فيما بعد من خلال البرامج العلاجية المناسبة.

أخي / أختي الطالب: ....

تتضمن هذه الاستبانة مجموعة من العبارات حول ما تفكر أو تشعر به في مواقف معينة علما بان مشاعر كل طالب تختلف عن مشاعر الآخر، لذا فانه ليس هناك إجابات صحيحة وإجابات خاطئة تعبر عن مشاعرك وأحاسيسك الخاصة.

أرجو أن أؤكد على أن المعلومات التي تجمع من استجابتك لهذه الاستبانة ما هي إلا لأغراض الحقيقة.تربوي فقط ولن يطلع عليها أحد غير المرشد والمعالج المختص.

اقرأ كل عبارة من العبارات وضع إشارة (×) في المكان الذي تشعر أنه يمثل مشاعرك وأحاسيسك الحقيقة.

مثال:

الرقم	الفقرة	أوافق بشدة	أوافق	لا أوافق	لا أوافق بشدة
-1	ادرس كل يوم بانتظام		×		

الرقم	الفقرة	أوافق بشدة	أوافق	لا أوافق	لا أوافق بشدة
-1	اشعر بالضيق عند كل سؤال يطرحه المعلم علي ليتأكد من مدى استفادتي وتعلمي.	4	3	2	1
-2	اشعر بالقلق حول ما إذا كنت سأرفّع من صفي الحالي إلى الصف الذي يليه في نهاية العام.	4	3	2	1
-3	اشعر بالتوتر إذا ما طلب مني المعلم الوقوف والقراءة بصوت مرتفع.	4	3	2	1
-4	عندما يطلب مني المعلم حل بعض المسائل على اللوح فأنني أتمنى بيني وبين نفسي أن يطلب ذلك من غيري.	4	3	2	1
-5	أثناء نومي احلم كثيراً بالامتحانات	4	3	2	1
-6	تزداد دقات قلبي عندما يقترب موعد امتحاناتي.	4	3	2	1
-7	اشعر بالقلق الشديد عند استعدادي للنوم نتيجة تفكيري بما سيكون عليه أدائي في الامتحان غداً.	4	3	2	1
-8	ترتجف يدي التي اكتب بها عندما يطلب مني المعلم الكتابة على اللوح أمام طلاب صفي.	4	3	2	1
-9	اشعر بالتوتر عند اقتراب موعد الامتحان بدرجة أكثر من زملائي	4	3	2	1
-10	عندما أكون في البيت وأفكر في دروس الغد اشعر بالخوف من أنني سوف أعطي إجابات خاطئة.	4	3	2	1

-11	إذا تغيبت عن المدرسة نتيجة مرض اشعر بـان أدائي للواجبات المدرسية سوف يكون اقل درجة من الطلاب الآخرين.	4	3	2	1
-12	عندما أفكر بدروس اليوم التالي اشعر بالقلق بأن أدائي في بعض الدروس سوف لا يكون مقبولاً	4	3	2	1
-13	اشعر بالغثيان والارتجاف أو الدوار عندما يسال المعلم سؤالا بهدف تحديد مدى ما تعلمت الدرس.	4	3	2	1
-14	اشعر بالارتباك والتوتر إذا وجه المعلم لي سؤالا وأجبت علية إجابة خاطئة.	4	3	2	1
-15	اشعر بخوف من كل موقف فيه امتحان	4	3	2	1
-16	اشعر بضيق شديد قبل دخولي الامتحان	4	3	2	1
-17	بعد الانتهاء من الامتحان اشعر بالتوتر حول أدائي في هذا الامتحان	4	3	2	1
-18	اشعر أحياناً أن أدائي في الامتحان الذي قدمته كان سيئاً مهماً كنت قد استعددت له	4	3	2	1
-19	اشعر أن يدي ترتجف أثناء الامتحان	4	3	2	1
-20	أخاف من الفشل في أدائي إذا ما علمت أن المعلم سيعطينا امتحانا	4	3	2	1
-21	اشعر أنني أنسى في الامتحان كثيرا من المعلومات التي كنت أتذكرها قبل بدئه.	4	3	2	1

-22	أتمنى لو أنني لا اشعر بضيق من الامتحان بهذه الدرجة	4	3	2	1
-23	اشعر بالقلق إذا أخبرنا المعلم أنه يريد أن يعطي الامتحان.	4	3	2	1
-24	اشعر بان أدائي سوف يكون سيئاً أثناء الإجابة على الامتحان.	4	3	2	1
-25	أخاف أحياناً عندما أكون في طريقي إلى المدرسة أن يعطينا المعلم امتحاناً فجائياً	4	3	2	1
-26	اشعر بصداع شديد قبل وأثناء الامتحان	4	3	2	1
-27	خوفي من الرسوب يعيق أدائي في الامتحان	4	3	2	1
-28	اشعر بالقلق أثناء إعلان المعلم كم تبقى من الوقت لانتهاء الامتحان	4	3	2	1
-29	اشعر بالخوف أثناء انتظار توزيع أوراق أسئلة الامتحان.	4	3	2	1
-30	اشعر بالقلق أثناء الامتحان بأن لا يكفي الوقت للإجابة	4	3	2	1
-31	اشعر بالقلق أثناء الانتظار بدخول قاعة الامتحان	4	3	2	1
-32	اشعر بالخوف من المدرسة لأنها تذكرني بالامتحانات	4	3	2	1
-33	اشعر بعدم الارتياح أثناء تحدث الطلاب في الساحة عن امتحان قادم	4	3	2	1

-34	يزداد إفراز العرق في يدي أو وجهي أثناء الامتحان	4	3	2	1
-35	اشعر بالتوتر والارتباك أثناء استعدادي لامتحان يومي	4	3	2	1
-36	غالباً ما اشعر بالقلق عند استعدادي للامتحان قبل موعده بيوم.	4	3	2	1
-37	اشعر دائماً بالتوتر والارتباك عند استعدادي للامتحان النهائي.	4	3	2	1
-38	اشعر بالقلق عند استماعي للمعلم وهو يعلن عن مواعيد الامتحانات القادمة.	4	3	2	1

يتكون المقياس من ثلاثة أبعاد هي:

1- البعد المعرفي، وتقيسه الفقرات: 1، 2، 4، 7، 10، 12، 14، 15، 17، 18، 20، 21، 22، 23، 25، 28، 29، 30، 31، 32، 33، 36، 38

2- البعد السلوكي، وتقيسه الفقرات: 3، 11، 24، 27.

3- البعد الجسمي، وتقيسه الفقرات: 5، 6، 8، 9، 13، 16، 19، 26، 34، 35، 37.

طرق التصحيح وتفسير النتائج

- عدد الفقرات المقياس (38).
- العلامة الكلية للمقياس تتراوح (38-152).
- اعتبرت الدرجة (95) فما فوق تمثل قلقاً فما دون (95) تمثل قلقاً منخفضاً (الشوبكي، 1991).

ثالثاً: مقياس القلق الاجتماعي

يمكن الاستفادة من هذا المقياس في تحديد مظاهر القلق الاجتماعي التي تظهر لدى الطلبة، حيث أن تحديد المخاوف الاجتماعية سيسهم في معرفة خوف بعض الطلبة من المشاركة والإقبال على التحدث مع الآخرين أو المشاركة في النشاطات على سبيل المثال.

يحدث القلق الاجتماعي عندما يظهر عدد من المخاوف في مجموعة مختلفة من مواقف التفاعل الاجتماعي، حيث يتجلى القلق كالخوف من الجمهور الناتج عن وجود الإنسان في موقف اجتماعي أو موقف عام، الأمر الذي يقود إلى ظهور ردود فعل القلق عند حدوث هذه المواقف. وتعد درجة معينة من القلق الاجتماعي سوية وعادية وبخاصةً في المواقف التي تتضمن متطلبات جديدة، وعند الحديث أمام الجمهور... الخ، غير أننا نتحدث عن القلق الاجتماعي بالمعنى غير السوي عندما يصبح الخوف من المواقف الاجتماعية مزعجاً للشخص وموتراً له ومستمراً وعندما يتضرر الشخص في مجالاته الحياتية بشكل كبير (Marks1987).

ويقصد بالقلق الاجتماعي هنا الخوف غير المقبول وتجنب المواقف التي يفترض فيها للمعني أن يتعامل أو يتفاعل فيها مع الآخرين ويكون معرضاً بنتيجة ذلك إلى نوع من أنواع التقييم (Margraf & Rudolf, 1999 P. 4). فالسمة الأساسية المميزة للقلق الاجتماعي تتمثل في الخوف غير الواقعي من التقييم السلبي للسلوك من قبل الآخرين (Stangie & Heidenreich, 1999, P.40) والتشوه الإدراكي للمواقف الاجتماعية لدى القلق اجتماعياً (Roeder & Margraf, 1999 p. 61). والمعنيون غالباً ما يشعرون بأنهم محط أنظار محيطهم بمقدار أكبر بكثير مما يعنونه أنفسهم لهذا المحيط، ويتصورون أن محيطهم ليس له من اهتمام آخر غير تقييمهم المستمر وبطبيعة الحال فإنهم يتصورون دائماً أن التقييم لابد وأن يكون سلبياً. أما النتيجة فهي التضخيم الكارثي للعواقب

الذي يتمثل مثلاً من خلال التطرف في طرح المتطلبات من الذات بحيث يتحول أدنى خطأ يرتكبه المعني إلى كارثة بالنسبة له تغرقه في الخجل وتعزز ميله للقلق الاجتماعي يظهر وفق ثلاثة مستويات (Kafner, Reinecker & Schmeltzer, 1990):

- **المستوى السلوكي**: ويتجلى في سلوك الهرب من مواقف اجتماعية مختلفة وتجنبها كعدم تلبية الدعوات الاجتماعية والتقليل من الاتصالات الاجتماعية... الخ. وتقيسه الفقرات: 1، 5، 9، 10، 11، 12، 13، 14، 18، 21، 22، 23، 24، 25، 29.

- **المستوى المعرفي**: ويتمثل في أفكار تقييميه للذات، وتوقع الفضيحة أو عدم لباقة السلوك، والمصائب والانشغال المتكرر بالمواقف الاجتماعية الصعبة أو المثيرة للقلق، وعما يعتقده الآخرون حول الشخص نفسه، والقلق الدائم من ارتكاب الأخطاء... الخ. وتقيسه الفقرات: 2، 6، 8، 16، 20، 27، 28.

- **المستوى الفيزيولوجي**: ويتضح من معاناة الشخص من مجموعة مختلفة من الأعراض الجسدية المرتبطة الاجتماعية المرهقة بالنسبة له، كالشعور بالغثيان والأرق والإحساس بالغصة في الحلق والارتجاف والتعرق... الخ. وتقيسه الفقرات: 4، 7، 15، 19، 26.

وتترابط هذه المستويات مع بعضها بشكل وظيفي. فتوقع التقييم السلبي للسلوك الشخصي يقود إلى تنشيط ارتفاع في الانتباه الذاتي يتجلى من خلال تكثيف ملاحظة الذات Self monitoring. فالأشخاص الذين يعانون من قلق اجتماعي ينشغلون باستمرار بإدراك إشارات الأخطاء الممكنة والفشل والفضيحة..الخ في سلوكهم. ويقود هذا الإدراك إلى العزو السببي الخاطئ لأعراض القلق كدليل على التقييم السلبي من قبل الآخرين ex-consequentia-conclusion. وهذا بدوره يؤدي إلى ارتفاع حدة الإثارة الجسدية وتزايد في أعراض القلق، التي يتم عزوها إلى التقييمات الاجتماعية. ويؤدي هذا العزو الخاطئ إلى الوقوع في حلقة مفرغة تصعّد فيها الإثارة الأولية والعزو الخاطئ

بعضهما باطراد وفق آلية تغذية راجعة إيجابية وصولاً إلى نوبة من الذعر أو الهلع (Stangier & Heidenreich, 1999, P.42,Oltmanns &Emery 1998).

مقياس القلق الاجتماعي:

الرقم	الفقرة	دائماً	أحياناً	أبداً
1-	أكون عادة غير واثقا من نفسي ومتوتراً عند لقائي بآخرين	2	1	0
2-	ألاحظ أني أفكر في أشياء، ليس لها علاقة بالموقف الذي أكون فيه	2	1	0
3-	أشعر دائماً بردود أفعال جسدي، كالحكة والألم والتعرق والغثيان (الشعور بالإقياء) مثلاً عندما أكون مع الآخرين	2	1	0
4-	أشعر وكأني مشلول عندما أفكر في لقاء علي القيام به مع أشخاص آخرين	2	1	0
5-	أكون متوتراً جداً قبل حدوث موقف اجتماعي ما	2	1	0
6-	أفكر في أشياء غير مهمة عندما أكون مع أشخاص آخرين	2	1	0
7-	يخفق قلبي عندما أكون بين الآخرين في موقف اجتماعي ما	2	1	0
8-	تشرد أفكاري دائماً أثناء مخالطتي للآخرين	2	1	0
9-	أكون متوتراً أثناء وجودي بين الآخرين	2	1	0
10-	ألاحظ أنني أشعر بالخوف قبل حدوث موقف اجتماعي	2	1	0

-11	يصبح العمل صعباً علي عندما أشعر أن أحدهم ينظر إلي (يراقبني) أثناء قيامي به	2	1	0
-12	عندما أكون في حفلة ما أو بين مجموعة أشخاص فإني لا أصدق كيف تنتهي هذه الحفلة	2	1	0
-13	أكون عاجزاً عن النقاش إذا دار حديث ما ضمن مجموعة من الأفراد	2	1	0
-14	كثرة الناس حولي تربكني	2	1	0
-15	أشعر بالصداع في أثناء وجودي في المواقف الاجتماعية المهمة	2	1	0
-16	قبل أن أدخل في موقف اجتماعي أكون مهموماً من احتمال فشلي في هذا الموقف	2	1	0
-17	أصاب بالصداع قبل حدوث ملاقاة اجتماعية ما	2	1	0
-18	غالباً ما أكون متردداً عندما أريد أن أسأل شخصاً ما عن أمر من الأمور (كسؤال شخص ما عن شارع معين)	2	1	0
-19	أحياناً أشعر بالدوار عندما أتجاذب الحديث مع الآخرين	2	1	0
-20	غالباً ما تشرد أفكاري في المواقف الاجتماعية	2	1	0
-21	أشعر بالخجل عندما أتحدث مع شخص مهم	2	1	0
-22	أنزعج عندما ينظر إلي الناس في الشارع أو في الأماكن العامة	2	1	0
-23	عندما أكون بين الآخرين فإني غالباً ما أظل في الخلفية (لا أشاركهم الحديث)	2	1	0

-24	أحتاج لوقت حتى أستطيع التغلب عـلى خجـلي في المواقـف غير المألوفة بالنسبة لي	2	1	0
-25	يصعب علي التعبير عن رأيي في نقاش مع أشخاص لا أعرفهم	2	1	0
-26	يكون حلقي جافاً عندما أكون بين الآخرين	2	1	0
-27	من الصعب عليَّ أن أتحدث مع شخص لا أعرفه	2	1	0
-28	أعاني من قلق مرعب عندما أكون بين الناس	2	1	0
-29	أشعر بالضيق الشديد والارتباك عندما يكـون عـلي الحـديث أمام مجموعة من الأشخاص	2	1	0

(رضوان، 1999)

طريقة التصحيح والتفسير:

يتكون المقياس الحالي من (29) فقرة، وتتراوح العلامة بين (0-58) والمتوسط هو (29)، وكلما زادت علامة الفرد عن المتوسط دل ذلك على وجود مستوى قلق اجتماعي لديه.

رابعاً: اختبار المخاوف المرضية من الظلام، من 6-9 سنوات

إعداد: عبد الرحمن سيد سليمان، جامعة عين شمس، كلية التربية

يمكن من خلال هذا الاختبار معرفة المخاوف الموجودة لدى الطلبة من الصفوف الأول إلى الرابع الأساسي من أجل معالجتها.

تعليمات الاختبار:

أولا تعليمات عامة

1- هذا الاختبار مصمم للتطبيق على أطفال الصفوف الثلاثة الأولى من المرحلة الابتدائية (6-9) سنوات

2- يهدف هذا الاختبار إلى التعرف على مخاوف أطفالنا من الظلام في هذه المرحلة العمرية المبكرة.

3- يتكون هذا الاختبار من (30) عبارة، والمطلوب الإجابة عنها جميعاً.

4- يطبق هذا الاختبار فرديا، أي كل طفل على حدة وليس هناك وقت محدد للانتهاء من الاختبار، فهو من نوع الاختبارات المفتوحة التي لا تحدد بزمن معين.

5- لا توجد إجابات صحيحة وأخرى خاطئة.

ثانياً: تعليمات لمطبق الاختبار

1- على الصفحة التالية، توجد بعض العبارات والمطلوب أن تقرأ كل عبارة على حدة أمام الطفل، ثم تترك له الفرصة لكي يدلي باستجابته، وأمام كل عبارة كلمتين(يحدث أو نعم) وهي تدل على موافقة الطفل على ما جاء بها، وكلمة لا وهي تدل على عدم موافقة الطفل على ما جاء بها.

-2 إذا أجاب الطفل بالموافقة، ضع دائرة حول كلمة نعم، وإذا أجاب الطفل بعدم الموافقة، ضع دائرة حول كملة لا، ولا تترك عبارة دون إجابة

-3 بعد كتابة بيانات الطفل يبدأ الاختبار بالعبارات التمهيدية التالية: فيه ناس بتخاف من الظلمة، وفيه ناس تانيين ما بيخافوش منها مش هيك..طيب، هسا أن رح أسألك بعض أسئلة، عن الظلمة فإذا كنت بتخاف فعلا تقول مزبوط أو نعم أو هيك بصير معي بأخاف، إذا كنت ما بتخاف تقول لا.

الاســم: .... الجنس: ....

المدرسة: .... تاريخ الميلاد: ....

الصف: .... تاريخ تطبيق الاختبار: ....

الرقم	الفقرة	نعم	لا
-1	بتحس بخوف شديد لما تكون الدنيا ظلمة (عتمة) في أي مكان تكون فيه	1	0
-2	وأنت في الظلمة يتهيأ لك إن فيه حد واقف قدامك	1	0
-3	بتخاف تروح سريرك تنام، لما النور يكون قاطع	1	0
-4	بتحس إنك خايف كثير لما تكون في مكان ظلمة لدرجة إنك ترتعش	1	0
-5	يتهيأ إلك في الظلمة إن فيه خيالات ماشية على الحيط	1	0
-6	لو قعدناك وحدك في غرفة ظلمة نورها مطفي تخاف	1	0
-7	تخاف تروح دورة المية لوحدك لما النور يكون مطفي بالليل	1	0

8-	بتكون خايف لما تروح تنام مكانك خصوصا إذا كان النور قاطع	1	0
9-	بتخاف كثير من الظلمة	1	0
10-	تحس بخوف شديد لو مشين لوحدك في شارع نوره مطفي	1	0
11-	تخاف تطلع سلم البيت إذا كان النور مقطوع	1	0
12-	لو انقطع النور فجأة وأنت موجود في البيت لوحدك بالليل تخاف	1	0
13-	لو انقطع النور فجأة بالليل وأنت موجود مع بابا وماما وإخوانك تخاف	1	0
14-	لو قلنا الك ح تنام الليلة هاي في غرفة غير غرفتك تخاف	1	0
15-	بتخاف دائماً لما الدنيا تليل أي تصير ليل	1	0
16-	لو صحيت من نومك ولقيت النور مقطوع والدنيا ظلمة تخاف	1	0
17-	تخاف تدخل جوه غرفة ظلمة عشان تجيب منها حاجة أنت تريدها	1	0
18-	لو حدة حكى لك حكاية أي حكاية بالليل تخاف	1	0
19-	لما النور بيتقطع بتفضل قاعد في مكان واحد ما تتحرك منه حتى يجي النور	1	0
20-	تحس بخوف شديد لو أتفرجت على التلفزيون والنور مطفي	1	0
21-	لو النور انطفى وأنت بتكتب الواجب بالليل تقوم تنام على طول	1	0

-22	تخاف لو أخواتك وبابا وماما ناموا قبل منك وسابوك صاحي لوحدك	1	0
-23	هل بتبقى خايف لما تكون قاعد في البيت لوحد ومفيش حدى معاك	1	0
-24	لو قلنا الك هات لنا حاجة من غرفة مفيهاش نور تخاف تدخلها	1	0
-25	لو بعتوك تشترك لهم حاجة بالليل تخاف تخرج تشتريها	1	0
-26	تحس انك خايف كثير لو حدة ضرب جرس أو خبط على باب بيـتكم في وقت متأخر	1	0
-27	لو بعتوك تشترك الهم حاجة بالليل تخاف تخرج تشتريها	1	0
-28	ما بتحبش تخرج من البيت بالليل	1	0
-29	بتخاف تمشي لوحدك بالليل	1	0
-30	تبخاف تنزل الشارع إذا كان النور مقطوع	1	0

(إبراهيم، 1998)

طريقة التصحيح والتفسير:

عدد فقرات المقياس هي (30) فقرة، وتتراوح العلامة بين (0-30) والمتوسط هو (15) وكلما زادت العلامة عن المتوسط دل ذلك على وجود مخاوف لدى الطفل من الظلام.

خامساً: اختبار ذاتي لتحديد درجة الإحباط

مقتبس من: Girdano,D., Everly, G., & Dusen, D.(1997). Controlling stress and tension (5the Ed). Boston: Allyn and Bacon

من خلال هذا الاختبار يتم التعرف على مدى الإحباط واليأس وخيبة الأمل الموجودة لدى الطلبة، ويفضل تطبيقه على الطلبة في الصفوف الثانوية.

اختر الإجابة الأكثر مناسبة من وجهة نظرك للعبارات التقريرية التالية وذلك بوضع دائرة حول الإجابات التي تختارها.

الرقم	الفقرة	دائماً	غالباً	نادراً	أبداً
1-	أشعر بالجمود في حياتي	4	3	2	1
2-	اشعر بالحاجة لإنجاز له معنى	1	2	3	4
3-	أشعر بأنني بحاجة للتوجيه	1	2	3	4
4-	ألاحظ على نفسي نفاذ الصبر	4	3	2	1
5-	أشعر بالعجز في السيطرة على ما يجري في حياتي	4	3	2	1
6-	أشعر بخلوي من الأوهام	1	2	3	4
7-	أجد نفسي محبطا	4	3	2	1
8-	أشعر بخيبة الأمل	4	3	2	1
9-	أشعر بقلة الشأن	4	3	2	1
10-	أنزعج لعدم سير الأمور كما كان مخططا لها	4	3	2	1

طريقة التصحيح والتفسير:

حصول الفرد على درجة ما بين(10-19) يدل ذلك على درجة إحباط منخفضة، وحصول الفرد على درجة ما بين (20-24) يدل على درجة إحباط متوسطة، بينما تدل الدرجة على (25-40) على درجة إحباط عالية (عسكر، 2000).

سادسا: اختبار كارول لقياس الإحباط

الاسـم: .... الجنس: ....

العمر: .... الصف: ....

لا	نعم	الفقرات	الرقم
0	1	أشعر بروح جيدة.	1-
0	1	أشعر برغبة في البكاء.	2-
0	1	حالتي لا أمل فيها.	3-
0	1	هناك مآسي تنتظرني في المستقبل.	4-
0	1	أعتقد بأنني إنسان جيد كالآخرين.	5-
0	1	أشعر بالخجل من نفسي.	6-
0	1	الأشياء التي أقدم عليها تزعجني.	7-
0	1	أنا أعاقب على أمر سيء منحت به في الماضي.	8-
0	1	أعتقد أن الحياة ما زالت بها ما يستحق العيش.	9-
0	1	أتمنى لم أنني ميت.	10-
0	1	أفكر بقتل نفسي.	11-
0	1	الموت هو الحل الأمثل بالنسبة لي.	12-
0	1	أستغرق وقتا أطول من السابق قبل أن أنام.	13-
0	1	يتطلب مني نصف ساعة قبل أن أخلد إلى النوم.	14-

-15	لا أرتاح في النوم ونومي مزعج.	1	0
-16	أستيقظ دائماً في منتصف الليل.	1	0
-17	أستيقظ قبل الوقت المحدد عادة.	1	0
-18	أستيقظ أبكر مما أريد.	1	0
-19	أنا أشعر بالسعادة والفرح والراحة مما أقوم به.	1	0
-20	أرغب بالخروج ومقابلة الأشخاص.	1	0
-21	لقد مللت الكثير من نشاطاتي واهتماماتي.	1	0
-22	أنا قادر على متابعة العمل المطلوب مني.	1	0
-23	أن عقلي سريع وذكي كالعادة.	1	0
-24	صوتي يبدو ليس صوتي.	1	0
-25	لقد قمت بجميع الأشياء بصعوبة في الآونة الأخيرة.	1	0
-26	أنا بطيء جداً وبحاجة إلى المساعدة في اللبس.	1	0
-27	أعتقد أني أستعد بالارتياح خارج المنزل.	1	0
-28	لا أشعر بالارتياح.	1	0
-29	يجب أن يكون بشكل واضح إلى الأمر مقلق.	1	0
-30	يجب أن أحاول الابتعاد عن القلق.	1	0
-31	أجد التركيز سهلاً عند قراءة ورقة ما.	1	0
-32	أشعر بأنني منزعج ومجروح.	1	0

-33	معظم الوقت أكون خائفاً ولا أعرف السبب.	1	0
-34	أشعر بالرعب والخوف الشديد.	1	0
-35	لدى مشاكل في الهضم.	1	0
-36	أن قلبي ينبض أسرع من العادة.	1	0
-37	لدى الآم عام في جسدي.	1	0
-38	أن يداي تهتزان بحيث أن الناس يلاحظون ذلك.	1	0
-39	أنا أحب وجباتي كالعادة.	1	0
-40	أنا أجبر نفسي على تناول الطعام.	1	0
-41	أشعر بحيوية وطاقة كما في السابق.	1	0
-42	أنا مرهق أغلب الأحيان.	1	0
-43	اهتماماتي الجنسية كما هي في السابق.	1	0
-44	منذ بداية مرضي فقدت رغبتي الجنسية	1	0
-45	أنا قلق جداً حول أعراض جسمي.	1	0
-46	أنا لست متأكد من أداء جسدي لوظائفه كاملة.	1	0
-47	أن مشكلتي مع المرض بدأت منذ شعوري بأمراض من جسدي.	1	0
-48	أن جسدي سيء وليس معافى.	1	0
-49	أن كل ما أحتاجه هو الراحة لأعود بصحة وعافية كالسابق.	1	0
-50	لقد مرضت بسبب الطقس السيئ الموجود الآن.	1	0

-51	أنا أفقد وزني.	1	0
-52	يمكنني القول بأنني فقدت الكثير من وزني.	1	0

طريقة التصحيح والتفسير للمقياس:

اختبار كارول لقياس الإحباط يتكون هذا الاختبار من 52 فقرة وهو كمدخل لأعراض الإحباط والعنف وليس كمقياس تشخيص، وتركز الفقرات الاثنان والخمسين على الأعراض المتعلقة بالإعاقات الحركية، والقلق، والأرق في النوم، وأعرض فقدان الوزن، وفقدان التركيز، والقلق البدني والنفسي بشكل عام، وفقدان الثقة بالنفس، والإجهاد والتعب، وكما يتطرق لارتكابات الانتحار ويجاب على فقرات الاختبار نمط إجابات (نعم، لا) أذا وصلت الإجابات بنعم إلى 40 إجابة فإنها تدل على وجود الإحباط وثم العودة إلى الفقرات الإثنى عشر السلبية وحساب كل فقرة على حدا، ويقترح كارول أن يستخدم المقياس كاختبار سريري لفحص الإحباط والدرجات من عشرة وأعلى تشير إلى الإحباط.

سادساً: مقياس الوحدة النفسية

يفيد هذا المقياس في التعرف على مدى توفر الوحدة النفسية لدى الطلبة، والشعور بعدم الألفة مع الآخرين ونقص المحبة.

اهتم فريق من الباحثين بالنظرة إلى الوحدة النفسية أنها: حالة نفسية اجتماعية ويشير إلى ذلك كل من: كيركن Kerken فيراها رغبة يشوبها الشوق واللهفة والافتقاد المؤلم لطرف آخر(الحسين، 2002) بينما أشار بيلبو وبيرلمان (Pepau & Perlman,1981) إلى أن الوحدة النفسية خبرة غير سارة ناشئة عن وجود خلل في شبكة العلاقات الاجتماعية للفرد بنوعيها الكمي والكيفي، فقد يكون هذه الخلل كميا ويتمثل في عدم وجود عدد كاف من الأصدقاء، أو قد يكون نوعي كنقص المحبة أو الألفة مع الآخرين. وينقل عطا (1993) تعريف نيسلون وزملاؤه عن الوحدة النفسية بأنها تلك الحالة التي يشعر فيها الفرد بالعزلة عن الآخرين، ويصاحبها معاناة الفرد لكثير من ضروب الوحشة والاغتراب والاغتمام، والاكتئاب من جراء الإحساس بكونه وحيدا.

بينما نظر لها آخرون على أنها وحدة نفسية انفعالية ويشير إلى ذلك كل من: وايتهورن Whitehron الذي رآها تباعد بين صورة الفرد عن ذاته وبين الصورة التي يراها الآخرون عنه، وموسكتكاز Mousktakas حيث ربطها بمشاعر الإثم التي تنجم عن كون الفرد لا يسلك على نحو يتفق مع حقيقة أو جوهر وجوده. (الحسين، 2002) كما رآها قشقوش (1988) أنها إحساس الفرد بوجود فجوة نفسية Psychological gap تباعد بينه وبين أشخاص وموضوعات في مجاله النفسي. أما كترونا Cutrona (1982) فيشير إلى أن أنها لا ترتبط بنوعية أو كمية العلاقات الاجتماعية للفرد بقدر ما ترتبط بعدم رضا الفرد عن هذه العلاقات. بينما عرفتها أبو الحسن (1996) بأنها خبرة انفعالية عامة وذاتية وحالة مركبة تنشأ نتيجة شعور الفرد بافتقاد الآخرين وفاعلية علاقاته الاجتماعية، مما يحول بينه وبين الانخراط في علاقات بناءة ومشبعة مع الآخرين، ويرسخ في نفسه مشاعر البؤس والكآبة والفراغ العاطفي.

ويلخص ويس Wiess (1973) ذلك في نظرته للوحدة النفسية بأنها إما:

أ- الوحدة النفسية العاطفية Emotional: وهي تنتج عن نقص العلاقة الوثيقة والودودة مع شخص
     آخر.

ب- الوحدة النفسية الاجتماعية Social: وهي تنتج عن نقص في نسيج العلاقات الاجتماعية التي
     يكون الفرد فيها جزءا من مجموعة من الأصدقاء يشتركون في الاهتمامات والأنشطة.

مقياس الإحساس بالوحدة النفسية UCLA Loneliness Scale

وضعه راسل و بابلو وكوترون Russel, D. Peplau, L. A., & Cutron, C. E..1980 وعربه د. محمد
محروس محمد الشناوي، د. علي محروس خضر 1985 (الحسين، 2002)

بين يديك مجموعة من العبارات التي تتعلق بعلاقات مع الآخرين وشعورك بالابتعاد عنهم،
أرجو الإجابة عنها بدقة وموضوعية:

دائماً	معظم الأحيان	بدرجة متوسطة	نادراً	إطلاقاً	الفقرة	الرقم
1	2	3	4	5	أشعر أنني منسجم مع من حولي من الناس	1-
5	4	3	2	1	أشعر أنني محتاج لأصدقاء	2-
5	4	3	2	1	أشعر أنه لا يوجد من ألجأ إليه من الناس	3-
5	4	3	2	1	يغلب علي الشعور بالوحدة	4-
1	2	3	4	5	أشعر بأنني جزء من مجموعة من الأصدقاء	5-
1	2	3	4	5	أشترك في كثير من الأشياء مع الناس المحيطين بي	6-
5	4	3	2	1	أشعر بأنني لم أعد قريبا من أي شخص	7-

149

5	4	3	2	1	أشعر بأن اهتماماتي وأفكـاري لا يشاركني فيها أحد	-8
1	2	3	4	5	أشعر بالود والصداقة مع الآخرين	-9
					أشعر بأن الآخرين يمهلونني	-10
1	2	3	4	5	أشعر بأنني قريب من الناس	-11
5	4	3	2	1	أشعر بأن علاقتي مع الآخرين ليس لها قيمة	-12
5	4	3	2	1	أشعر بأنه لا يوجد شخص يفهمني جيداً	-13
5	4	3	2	1	أشعر بأنني منعزل عن الآخرين	-14
1	2	3	4	5	أشـعر بـأنني أستطيع أن أعـثر عـلى الأصدقاء عندما أحتاج إليهم	-15
1	2	3	4	5	أشعر بأنه يوجد أناس يفهمونني جيداً	-16

(الحسين، 2002)

طريقة التصحيح والتفسير:

يتكون المقياس من مجالين وهما:

أ- الوحدة النفسية العاطفية:وتقيسه الفقرات التالية: 3، 4، 7، 8، 9، 10، 13، 16.

ب- الوحدة النفسية الاجتماعية: وتقيسه الفقرات التالية: 1، 2، 5، 6، 11، 12، 14، 15.

عدد فقرات المقياس هو (16) فقرة وتتراوح العلامة ما بين (16-80)، والمتوسط هو (48) ويدل زيادة العلامة عن ذلك على الشعور بالوحدة النفسية لدى الفرد.

سابعاً: سلوك العزلة لدى طلبة المراهقة

يفيد هذا المقياس في تحديد مقدار العزلة والابتعاد عن الآخرين، والشعور بالرغبة في البقاء بعيدا عن الآخرين.

يتألف المقياس من (57) فقرة، لك فقرة سلم إجابة مكون من خمس فئات كما يبدو فيما يلي، المطلوب منك أن تضع إشارة (✖) أسفل كل فئة في سلم الإجابة والتي تنسجم مع رأيك عن ممارستك الحياتية ووجهة نظرك.

ويهدف هذا المقياس إلى الوصول إلى بعض المعلومات عن الممارسات والسلوكيات الحياتية اليومية للطالب والكيفية التي ينظر بها إلى بعض القضايا (مؤشرات حول سلوك العزلة).

لذلك أرجو الإجابة على فقرات هذه الاستبانة بصدق. وأود أن أؤكد للطلبة بأن المعلومات سرية وسوف تستخدم فقط لأغراض الإرشاد التربوي.

لا أوافق بشدة	لا أوافق	غير متأكدة	أوافق	أوافق بشدة	الفقرة	الرقم
1	2	3	4	5	أشعر بالفراغ والملل.	1-
5	4	3	2	1	قبـل ذهـابي إلى السـوق أكتـب قائمـة باحتياجاتي.	2-
1	2	3	4	5	أشعر برغبة بالبكاء.	3-
1	2	3	4	5	أشعر أنه من الصعب علي اتخاذ قرار.	4-
1	2	3	4	5	أتخوف من بناء علاقات مع الآخرين.	5-
5	4	3	2	1	أحب أن أواجه الناس بما يفعلون.	6-
1	2	3	4	5	كثير من الناس لا يستحق الاحترام.	7-

1	2	3	4	5	يضايقني في بعض الأحيان بعض النـاس الـذين يطلبون مني عمل معروف.	8-
1	2	3	4	5	أفضل أن أرد عـلى الشـخص بالمثل مـن أن أسامحه.	9-
1	2	3	4	5	أشعر بأنني منعزل عن الناس.	10-
1	2	3	4	5	ليس لدي صديق حميم لأتحدث إليـه عـن الأشياء التي تخصني.	11-
5	4	3	2	1	أحب أن أجرب أصنافاً جديدة من الطعام.	12-
1	2	3	4	5	أحب أن أغتاب الآخرين.	13-
1	2	3	4	5	أشعر بأنني وحيد.	14-
5	4	3	2	1	أميل للاعتراف بالخطأ عندما أخطئ.	15-
5	4	3	2	1	لا مـانع عنـدي مـن أن أجـرب نفسي في مدرسة أخرى.	16-
1	2	3	4	5	لا أحد يحبني.	17-
1	2	3	4	5	لدي الكثير من الأعمال غير المنجزة والناقصة.	18-
1	2	3	4	5	أشعر بالكآبة والحزن باستمرار.	19-
5	4	3	2	1	الناس من حولي منصفون.	20-
1	2	3	4	5	لا أسـتطيع النظـر في وجـوه الآخـرين عنـد التحدث معهم.	21-

1	2	3	4	5	ليس في حيـاتي شيء يبـدو أنـه جـدير بالاهتمام.	22-
5	4	3	2	1	إن أشياء مضحكة مثيرة تحدث لي.	23-
1	2	3	4	5	لا يقـوم النـاس بمسـاعدة بعضهم البعض لكثرة أشغالهم.	24-
1	2	3	4	5	لا أجد ما يملأ وقت فراغي.	25-
5	4	3	2	1	أفضل المدرسة ذات القوانين والأنظمة.	26-
1	2	3	4	5	ممن الصعب بناء علاقة صداقة مع أحد.	27-
1	2	3	4	5	يشك الناس في الدوافع وراء أفعالي.	28-
5	4	3	2	1	يسرني أن أنتقل إلى مكان جديد.	29-
5	4	3	2	1	تحتاج حياتي إلى هدف.	30-
5	4	3	2	1	كثيراً ما أفكر قبل أن أتصرف.	31-
1	2	3	4	5	يبدو أن الآخرين يتجنبون الاقتراب مني.	32-
5	4	3	2	1	أتحدث بصوت عال.	33-
5	4	3	2	1	يمكـن أن أتسـامح مـع الآخـرين عنـدما يسيئون إلي.	34-
5	4	3	2	1	أستطيع أن أحسن عملي إذا حاولت.	35-
1	2	3	4	5	أكره نفسي.	36-
1	2	3	4	5	المدرسين الذين ينكتـوا في الصف يضيعون الوقت.	37-

1	2	3	4	5	الناس لا يثقون بأحد.	38-
5	4	3	2	1	الموضة الجديدة تجعل الحياة مثيرة.	39-
1	2	3	4	5	يخاف الناس مواجهة بعضهم البعض.	40-
5	4	3	2	1	أستمتع بالنهايات المثيرة.	41-
1	2	3	4	5	أنا خجول.	42-
1	2	3	4	5	يجب أن يعاقب الأطفال دائماً على أفعالهم الخاطئة.	43-
5	4	3	2	1	سـأكون أكـثر سـعادة، إذا كـان هنـاك مـن يشاركني اهتماماتي وميولي.	44-
1	2	3	4	5	لا أجد فائـدة في الـدروس التـي أتلقاهـا في المدرسة.	45-
1	2	3	4	5	أحاديث الناس فارغة لا معنى لها.	46-
1	2	3	4	5	يصعب علي أن أتخذ قراراً.	47-
1	2	3	4	5	أجـد صعوبة في التعبـير عـن مشـاعري للآخرين.	48-
1	2	3	4	5	يصعب علي أحياناً أن ألتزم بوعود قطعتها.	49-
1	2	3	4	5	لا أحد يهتم بمشاعري.	50-
5	4	3	2	1	كثيراً ما تتصف أفعالي بالجرأة.	51-
1	2	3	4	5	كثيراً مـا أسـتغل مـن قبـل مـن أحـاول مصادقتهم.	52-

1	2	3	4	5	أحب أن أقضي وقتي في حل الألغاز.	53-
1	2	3	4	5	لا يعيرني الآخرين كثيراً من الاهتمام.	54-
1	2	3	4	5	التخطيط للأعمال اليومية مضيعة للوقت.	55-
1	2	3	4	5	لا أحد يفهم كيف أشعر.	56-
1	2	3	4	5	أتمنى لو أعرف بعض النكت.	57-

طريقة التصحيح وتفسير الدرجات:

- عدد فقرات المقياس (57).

- الدرجة الكلية على المقياس تتراوح بين (57 – 285) وتمثل الدرجة المرتفعة شعوراً أعلى بالعزلة، في حين تشير الدرجة الدنيا إلى عدم الشعور بالعزلة.

ملاحظة: تم تحويل فقرات المقياس من صيغة الإناث إلى صيغة الذكور. (المصري، 1994)

ثامناً: قائمة وصف المشاعر (بيك للاكتئاب)

يمكن من خلال قوائم الاكتئاب تحديد مدى شعور الطلبة بالحزن كظاهرة مستمرة، ويمكن أيضا تحديد المشاعر التي يحملونها، وكذلك الأفكار السوداوية لديهم، وبالتالي تغيير أفكارهم ومشاعرهم ونظرتهم للمستقبل وللحياة وللناس.

يعرف الاكتئاب بأنه: حالة من التبلد الانفعالي وفقد الطاقة الجسمية يبدو فيها المكتئب حزيناً مثبطاً خائر العزائم لا يستطيع أداء عمل يحتاج فترة زمنية طويلة، يتكلم يبطئ وبشكل متقطع ولا يجيب عن الأسئلة إلا بصعوبة وهو كثير الزفرات والأنات ويبكي ويتأوه ليركز انتباهه في أفكاره التشاؤمية. (Oltmanns & Emery, 1998)

ويعاني من أعراض تصاحب الاكتئاب مثل اضطراب الشهية وتغير الوزن واضطراب النوم وزيادة النشاط الحركي ونقص الطاقة والشعور بفقد القيمة والإحساس بالذنب وصعوبة التركيز وتكرار فكرة الموت أو أفكار انتحارية، ولا يعي المصاب حالته.

تتضمن هذه القائمة مجموعة من الجمل تظهر أحاسيسك ومشاعرك. يرجئ القيام بقراءة كل مجموعة من الجمل واختيار جملة واحدة تعطي أدق وصف لحالتك النفسية وللشعور السائد لديك خلال السبعة أيام الماضية بما فيها هذا اليوم وبعد أن تحدد الجملة التي تصف دائرة حول الرقم الذي يسبقها أما إذا وجدت في المجموعة ما أن هنالك عدة جمل تنطبق بصورة متساوية على حالتك فضع دائرة حول رقم جملة واحدة منها فقط ترجح أنها الأكثر انطباقا على حالتك.

(1) 0- إنني لا اشعر بالحزن .

1- إنني اشعر بالحزن في بعض الأوقات.

2- اشعر بالحزن طيلة الوقت وللمستقبل للتخلص من هذا الشعور.

3- إنني اشعر بالحزن والتعاسة لدرجة لا استطيع احتمالها.

---

(2) 0- إنني لست متشائما بشان المستقبل.

1- اشعر بالتشاؤم بشان المستقبل.

2- أشعر أنه لا يوجد لدي ما اطمح للوصول إليه.

3- اشعر بان المستقبل لا أمل فيه وان هذا الوضع من غير الممكن تغييره.

---

(3) 0- لا اشعر بأنني فاشل بشكل عام.

1- أشعر بأنني أواجه من الفشل أكثر مما يواجهه الإنسان العادي.

2- عندما أنظر إلى حياتي الماضية، فإن كل ما أراه الكثير من الفشل.

3- أشعر بأنني إنسان فاشل فشلاً تاماً.

---

(4) 0- ما زالت الأشياء تعطيني شعوراً بالرضي كما كانت عادة.

1- لا أشعر بمتعة في الأشياء على النحو الذي كنت أشعر به عادة.

2- لم أعد أشعر بأية متعة حقيقية في أي شيء على الإطلاق.

3- لدي شعور بعدم الرضا والملل من كل الأشياء.

---

(5) 0- لا يوجد لدي أي شعور بالذنب.

1- أشعر بالذنب في بعض الأوقات.

2- أشعر بالذنب في معظم الأوقات.

3- أشعر بالذنب في كافة الأوقات.

---

(6) 0- لا أشعر بأنني أستحق عقاباً من أي نوع.

1- أشعر بأنني أستحق العقاب أحياناً.

2- كثيراً ما أشعر بأنني أستحق العقاب.

3- أحس بأنني أعاقب وأعذب في حياتي وأنني أستحق ذلك.

---

(7) 0- لا أشعر بخيبة الأمل في نفسي.

1- أشعر بخيبة الأمل في نفسي.

2- أشعر أحيانا بأنني أكره نفسي.

3- أنني أكره نفسي في كل ألأوقات.

---

(8) 0- لا أشعر بأنني أسوأ من الآخرين.

1- أنني أنتقد نفسي بسبب ما لدي من أخطاء وضعف.

2- ألوم نفسي طيلة الوقت بسبب أخطائي.

3- ألوم نفسي في كل شيء يحدث حتى لو لم يكن لي علاقة مباشرة بذلك.

---

(9) 0- لا يوجد لدي أي أفكار انتحارية.

1- توجد لدي أفكار انتحارية ولكني لن أقوم بتنفيذها.

2- أرغب في قتل نفسي.

3- سأقتل نفسي إذا توفرت لي الفرصة السامحة لذلك.

----

(10) 0- لا أبكي أكثر من المعتاد.

1- أبكي في هذه الأيام أكثر من المعتاد.

2- أنني أبكي طيلة الوقت هذه الأيام.

3- لقد كانت لدي قدرة على البكاء ولكنني في هذه الأيام لا أستطيع البكاء مع أنني أريد ذلك.

----

(11) 0- لا اشعر في الأيام بأنني سريع الغضب أكثر من المعتاد.

1- أصبح غضبي يستثار بسهولة أكثر من المعتاد هذه الأيام.

2- أشعر بسرعة الاستثارة طيلة الوقت في هذه الأيام.

3- أحس بأن مشاعري قد تبدلت ولم يعد شيء يغضبني.

----

(12) 0- لا اشعر بأنني قد فقدت اهتمامي بالناس الآخرين .

1- أصبحت أقل اهتماماً بالناس الآخرين مما كنت عليه.

2- فقدت معظم اهتمامي بالناس الآخرين.

3- فقدت كل اهتمام لي بالناس الآخرين.

----

(13) 0- اشعر بأن مظهري مناسب كما كان عادة .

1- يزعجني الشعور بأنني كهلا أو غير جذاب.

2- اشعر أن هنالك تغيرات دائمة تطرأ على مشيي، وتجعلني أبدو غير جذاب.

3- اعتقد بأنني أبدو قبيحاً.

---

(14) 0- استطيع العمل بنفس الكفاءة كما كنت افعل عادة .

1- احتاج إلى تعزيز إضافي كي أبدأ العمل في أي شيء .

2- علي أن أحث نفسي بشده كي أقوم بعمل أي شيء .

3- لا أستطيع عمل أو انجاز أي شيء على الإطلاق.

---

(15) 0- أستطيع النوم جيدا كالمعتاد .

1- لا أنام جيدا كالمعتاد .

2- أستيقظ من النوم أبكر بساعة أو ساعتين من المعتاد ولا استطيع العودة ثانيه إلى النوم .

3- أستيقظ من النوم أبكر بساعات عديدة من المعتاد ولا أستطيع العودة ثانية إلى النوم.

---

(16) 0- لا أجد إنني أصبحت أكثر تعبا من المعتاد

1- أصبحت أتعب أكثر من كالمعتاد.

2- أصبحت أتعب من عمل أي شيء تقريبا .

3- أنا متعب جدا لدرجة لا استطيع معها عمل أي شيء.

---

(17) 0- شهيتي للطعام هي كالمعتاد .

1- شهيتي للطعام ليست جيده كما هي عادة.

2-   شهيتي للطعام سيئة جدا هذه الأيام .

3-   ليست لدي شهية للطعام على الإطلاق في هذه الأيام .

---

(18)   0-   لم أفقد كثيرا من وزني مؤخرا أو بقي وزني كما هو .

1-   فقدت من وزني حوالي 2 كغم .

2-   فقدت من وزني حوالي 4 كغم .

3-   فقدت من الآلام والأوجاع 6 كغم.

---

(19)   0-   ليس لدي انزعاج يتعلق بصحتي أكثر من المعتاد .

1-   إنني منزعج بشأن المشكلات الصحية مثل ألام المعدة أو الإمساك أو الآلام والأوجاع الجسمية عامه

2-   إنني متضايق من المشكلات الصحية ومن الصعب أن أفكر في أي شيء أخر .

3-   إنني قلق للغاية بسبب وضعي الصحي بحيث لا استطيع التقبل لأي شيء أخر .

---

(20)   0-   لم ألاحظ أية تغيرات تتعلق في اهتماماتي الجنسية .

1-   أصبحت أقل اهتماما بالأمور الجنسية مما كنت عليه من قبل .

2-   اهتمامي قليل جدا بالأمور الجنسية في هذه الأيام .

3-   فقد اهتمامي بالأمور الجنسية تماماً.

طريقة التصحيح وتفسير النتائج.

- عدد فقرات المقياس (20) فقرة.
- العلامة الكلية للمقياس يتم الحصول عليها بجمع الأرقام التي تم وضع دائرة حولها في كل فقره، وهي تتراوح بين (صفر – 60).
- تفسير نتائج المقياس كالتالي :

  (صفر – 9) لا يوجد اكتئاب

  (10 - 15) اكتئاب ضعيف

  (16 – 23) اكتئاب متوسط

  (23 فما فوق) اكتئاب شديد
- الحد الفاصل بين الاكتئاب وعدمه تبدأ من مستوى (10).

ملاحظة: المقياس يقيس حالة الفرد خلال أسبوع ولا يخدم بدراسة سمة شخصية الفرد (حمدي، 1998، ج).

تاسعاً: سلم الاكتئاب لهاميلتون Hamilton Depression Scale

إن سلم هاميلتون منذ وضعه سنة 1960 معتمدا لدى غالبية الباحثين في العالم بأسره لنتدارس وتقييم حالات الاكتئاب وهو يمثل طريقة بسيطة لتقييم عمق وخطورة حالة اكتئابية بلغة الأرقام أو لإبراز تطوراتها أثناء العلاج. إلا أن لا يشكل أداة تشخيصية في أهدافه.

وكان وضع هذا السلم بهدف قياس تغيرات عمق ظواهر الاكتئاب عند التجارب العلاجية بالأدوية المضادة للاكتئاب إلا أنه يتكون من ظواهر واردة بكثافة بالغة أثناء حالات الاكتئاب من جهة، ومن عوارض قد تقل كثافتها لكنها تدل عند تواجدها على حالة سريرية خاصة من الاكتئاب.

ويتواجد سلم هاميلتون في صبغات عديدة إلا أن الصبغة الأصلية لسنة 1960 وهي تشمل 21 سؤالا. والصبغة التي اعتبرها الواضع نهائية سنة 1967 تحوي 17 سؤالا.

وهناك صيغة تشمل 23 سؤالا حيث قسم فيها سؤالات إلى نصفين انطلاقا من الصيغة الأصلية بـ 21 سؤال. وتتواجد أيضا صيغة تجريبية تشمل 26 سؤالا وضعت بأمريكا NIMA حيث يتواجد بها ثلاثة أسئلة إضافية: الشعور بعدم الاقتدار والجدارة، الشعور بفقدان التقدير والشعور بفقدان الأمل.

الحالة	الدرجة
1- المزاج الاكتئابي: حزن - شعور بانعدام الأمل، بعدم الاقتدار والجدوى مع تقلص التقدير الذاتي وتخفيض الشأن	0= انعدام أي علامة 1= إن كان هذا الشعور لا يبرز إلا بتوجيه السؤال إلى المسترشد 2= إن كان الإدلاء بهذا الشعور تلقائيا من خطاب المسترشد 3= إن كان المريض يبلغ شعوره بصفة لا كلامية بملامح وجهه أو بموقفه وبنبرات صوته أو ميله إلى البكاء 4= إن كان المريض لا يبلغ إلا تلك الحالة الوجدانية في تخاطبه تلقائيا على وجه كلامي أو لا كلامي.
2 - الشعور بالذنب أو بالتذنيب	0= انعدام أي شعور من هذا القبيل 1= إن كان المسترشد يعاتب نفسه وكأنه تسبب في ضرر أو إضرار لغيره. 2= أفكار ذاتية أو اجترار حديث حول أخطاء سابقة أو أعمال قد يلام عليها. 3= شعوره بأن المشكلة الحالية تمثل عقوبة أفكار 4= يسمع أصوات تتهمه أو تشهر بذنوبه أو يرى هلاوس بصرية مخيفة.
3- مشكلة الانتحار	0= انعدام أي رغبة أو فكرة انتحارية 1= يشعر أن الحياة لا تستحق أن يعيشها الإنسان - ليست أهلا بأن تعاش. 2= يتمنى أن يكون ميتا أو ما يشابهها من أفكار. كل فكرة تتجه ضد ذاته وتحوم حول احتمال الموت.

الحالة	الدرجة
	3= فكرة انتحارية أو حركة في اتجاه الانتحار 4= محاولات الانتحار (ترقم كل 4 محاولة جدّيّة في الانتحار).
4- أرق أوائل الليل	0= لا وجود لأي صعوبة في النوم 1= يشتكي من صعوبات محتملة في النوم مثل: يقضي أكثر من نصف ساعة قبل أن ينام 2= يشتكي من صعوبات في النوم لكل ليلة
5- أرق منتصف الليل	0= لا وجود لأي صعوبة ولا ارق 1= يشتكي المسترشد من الهيجان والاضطراب أثناء الليل. 2= يستيقظ ليلا (ترقم كلما استيقظ مع النهوض من الفراش ما عدى إن كان ذلك للبول)
6- الأرق في الفجر	0= لا وجود لصعوبة 1= يستيقظ باكرا صباحا لكنه ينام مجددا. 2= لا يتمكن من النوم مجددا عندما يستيقظ
7- العمل والأنشطة	0= لا يلاقي أي صعوبة في عمله 1= أفكار ومشاعر بعدم القدرة. شعور بالتعب وبالضعف يرتبط بأنشطة مهنية أو بأعمال ترفيهية. 2= فقدان الاهتمام للأنشطة المهنية أو للأنشطة الترفيهية إما أن يكون المريض صرح بها مباشرة أو بطريقة غير مباشرة عبر خموله وسوء استقراره تردده وتذبذبه (يشعر باضطراره لإجهاد نفسه للقيام بعمله أو بأي نشاط.

الحالة	الدرجة
	3= تقلص وقت العمل أو تدني الإنتاجية عند الإقامة بالمستشفى: ترقم إن كان المريض لا يقضي 3 ساعات على أقل تقدير في الأنشطة: مساعدة الممرضين أو علاج بالشغل (باستثناء الأعمال الرتيبة بالقاعة). 4= انقطع عن عمله من جراء مرضه الحالي إن كان مقيما بالمستشفى ترقم إن كان المريض لا يقوم بأي نشاط غير الأنشطة الرتيبة بالقاعة أو إن كان عاجزا على القيام بها بدون من يساعد.
8- البطء: بطء الأفكار وبطء التعبير تقلص القدرة على التركيز مع تدني الأنشطة الحركية	0= إن كان تغييره وأفكاره سوية 1= بطء طفيف في التحاور 2= بطء واضح أثناء الحوار 3= صعوبة تخاطب بحكم البطء 4= حالة ذهول مع استحالة التخاطب
9- الهيجان أو الهياج	0= لا وجود للهياج 1= تشنج وهزات في عضلاته 2= يلعب بيديه أو بشعره الخ. 3= يتحرك دائماً. لا يستطيع المكوث بهدوء 4= يلوي يديه. بعض أظافره - يقلع شعره - يعض شفتيه.
10- القلق النفسي	0= لا وجود لأي خلل ولا اضطراب 1= توتر داخلي وميوله إلى الإثارة 2= يقلق ويتحرج من مشاكل طفيفة

الحالة	الدرجة
	3= موقف حيرة ووجل جلي في ملامح الوجه وفي التعبير 4= يدلي عن مخاوفه دون أن توجه له أي سؤال
11- القلق الجسدي	جفـاف الفـم اضـطرابات هضـمية - سـيلان - آلام الأمعـاء - جشـاء علامات جهاز القلب والشرايين (خفقان - صداع) جهاز التنفس (سرعـة التنفس - زفرات - تبول تكراري). 0= لا وجود لأي اضطراب 1= علامات طفيفة 2= علامات من درجة متوسطة 3= علامات من درجة خطيرة 4= علامات تثبط نشاطه وتقعده
12- علامات جسدية بالمعدة والأمعاء	0= لا وجود لأي علامة 1= تقلص شهية الأكل على أن يأكل بدون حث من الممرضين - شـعور بثقل في بطنه. 2= يأكل بصعوبة مـا عـدى أن حثـه الممرضـون يحتـاج إلى المسـهلات ويطالب بها وبأدوية تخص المعدة والأمعاء.
13- علامات جسدية عامة	0= لا وجود لأي علامة 1= ثقل بالذراعين وبـالرجلين وبـالظهر والـرأس - آلام بـالظهر، صـداع بـالرأي، وآلام بالعضـلات، فقـدان الطاقـة مـع سـهولة الشـعور بالتعب. 2= نرقم 2 عندما تكون إحدى العلامات الأنفة سافرة وواضحة

14- علامات على وجود اضطراب في الحيض لدى الطالبات وعدم وجود قدرة جنسية رغم المراهقة	0= لا وجود لأي اضطراب 1= اضطراب طفيف 2= اضطراب خطير
15- المراق والوسوسة:	0= انعدام أي علامة 1= تركيز الاهتمام على الجسد 2= حيرة وانشغال بالصحة الذاتية 3= تذمرات وتشكيات واردة بكثافة - طلب المساعدات. 4= أفكار هذيانية مراقية (حول المرض المحتمل أو المتوهم)
16- تدني الوزن على وجهين: أ و ب	أ: حسب تصريحات المسترشد 0= لا وجود لأي تدني 1= تدني الوزن محتمل ويرتبط بالمرض الحالي 2= تدني الوزن واضح حسب تصريحات المسترشد ب: تدني الوزن حسب قيس الوزن أسبوعيا بواسطة أعوام المؤسسة إن كانوا يراقبون تطورات الوزن 0= أقل من 500 غرام أسبوعيا في التدني 1= أكثر من 500 غ أسبوعيا من التدني 2= أكثر من 1 كلغم أسبوعيا من التدني.
17- وعي المسترشد بحالة واكتئابية:	0= هو يعي بمشكلته وبالاكتئاب ويقربه 1= يقر بمرضه لكنه يعزوه إلى الأكل أو إلى الطفل أو إلى

	الإرهاق أو إلى فيروس والى حاجته إلى الراحة الخ... 2= ينفي احتمال المشكلة
18- تقلبات الحالة أثناء النهار	أ- نلاحظ إن كانت الظواهر تتفاقم صباحا أو مساء أن ليس هناك تغيير تذكر "لاشي" 0= لاشيء 1=تفاقم صباحي 2= تفاقم مسائي ب- إن كان هناك تقلبات نرقم حدتها في السلم الموالي (إن لم نجد تقلبات فإننا نذكرها بـ "لاشيء") 0= لاشيء1= تقلبات طفيفة2= تقلبات هامة
19- تبدد الشخصية وعمه الواقعية (مثل الشعور بأن العالم المحيط خيالي أو نكران الواقع المحيطي)	0= لا وجود للاختلال 1= شعور طفيف 2= شعور من درجة وسطى 3= شعور من درب خطيرة عميقة 4= شعور أدى إلى العجز الوظيفي
20- علامات هذيانية (اضطهادية وكيدية)	1= مجرد شكوك وتشككات 2= أفكار مرجعية 3= أفكار هذيانية مرجعية واضطهادية (كيدية)
21- ظواهر وسواسية وقهرية	0= لاشيء 1= طفيفة 2= خطيرة

(شبكة العلوم النفسية العربية، 2003)

طريقة التصحيح والتفسير:

كيفية تركيب السلم: اختار الأستاذ هاميلتون (الواضع) 17 سؤالا اعتبرها حرية بتمثيل العلامات الاكتئابية على أحسن وجه. فالحاصل الجملي للعدد يبين في منظور الواضع عمق متلازمة اكتئابية على وجه أم. كما تجدر الإشارة هنا إلى أن بعض الأسئلة التي لا تميز الاكتئاب كالظواهر الجسدية والقلق تم اعتمادها بحكم كثافة تواجدها أثناء المتلازمة الاكتئابية.

أما الأسئلة الأربعة الإضافية مثل: التقلبات أثناء اليوم، وتبدد الشخصية، والعلامات الهذيانية، والظواهر الوسواسية فهي علامات تقل كثافة من جهة كما لا ترتبط حتما بقوة وعمق المتلازمة الاكتئابية عموما، بل هي تتواجد بالخصوص في بعض أوجه الاكتئاب أما الأسئلة الثلاثة الإضافية والتي تخص الصيغة التجريبية الأمريكية وهي الشعور بعدم الاقتدار والجدارة، والشعور بفقدان القيمة والتقدير، وكذلك الشعور بفقدان الأمل فهي تدل على حرص الواضع على تكثيف عدد الأسئلة "المميزة" للاكتئاب.

كيفية الإجراء: يقوم المرشد بتعبئة الاستبيان في بضع دقائق بعد إجراء حوار مع الطالب، والهدف من هذا الحوار إبراز العلامات الاكتئابية لدى الطالب.

الترقيم: ترقم الأجوبة على أسئلة السلم بين (0-2) أو بين صفر و 4. فالعدد الجملي بالنسبة للصيغة ذات 17 سؤال يتراوح بين صفر و 52 والترقيم بين صفر و 4 يناسب سلم العلامات الآتي:

منعدم (0) - محل تشكك أو غير دال (1) طفيف (2) متوسط (3) هام (4).

أما الترقيم بين (0-2) فهو يناسب السلم العلامات كما يلي :

منعدم (0) - طفيف أو محل تشكك (1) سافر وعميق (2).

ويقوم الترقيم على معطيات الحوار أثناء الجلسة وكذلك على ما وصفه المريض من عوارض أثناء الأسبوع المنقضي. وأوصى هاميلتون القيام بترقيم ثنائي بواسطة فاحصين مستقلين عن بعضهم، ويشكل الفارق بأربع نقاط (4) أقصى ما يجوز قبوله كتباين بين فاحصين فإن وقع تجاوز هذا العدد استلزم الأمر حصص تدريب جماعي على الترقيم بتجويد التوافق بين الفاحصين.

الحاصل الجملي: أقل من 7: لا وجود للاكتئاب، من (8-15): اكتئاب طفيف، من 16 فما فوق: اكتئاب جسيم (خطير) نوصي باعتماد الأسئلة في شكلها الحالي عند ترقيم سلم هاميلتون. لقد وضع هذا الدليل لتوحيد استعمال هذا السلم التقييمي واثبات هذا الدليل جدواه في تحسين توافق النتائج بين الفاحصين لجل أسئلة هذا السلم (Willams) (1988).

وعند اعتبار الإحترازات التي قدمت حول دلالة الرقم الجملي من جهة والأبحاث التي بينت أن ستة أسئلة فقط من هذا السلم تستوفي شروط أحادية الاتجاه (أحادية البعد أو التجانس) فالموقف الحذر يتطلب اعتماد الحاصل المناسب للسلم الجزئي المناسب للنواة الاكتئابية المتكونة من المتغيرات الستة التالية:

1- المزاج الاكتئابي: من 0-4

2- الشعور بالذنب: من 0-4

3- سلم العمل والأنشطة: من 0-4

4- البطء: من 0-4

5- القلق النفسي: من 0-4

6- العلامات الجسدية العامة: من 0-4

وبالنسبة لهذا السلم الفرعي فإن الرقم الحاصل قد يتراوح بين: 0-22

فحاصل دون 4 يعني عدم تواجد الاكتئاب.

فحاصل بين (4-8) يعني اكتئاب طفيف.

وحاصل يفوق 9 يعني حالة اكتئاب سافرة أو "اكتئاب جسيم". (شبكة العلوم النفسية العربية، 2003)

عاشراً: مقياس "بيك" لليأس

هذا المقياس يظهر مدى اليأس لدى الطلبة، ومدى شعور الطلبة بحالة من انقطاع الأمل والرجاء، وبالتالي يفيد في علاج هذه الفئة من الطلبة، ويمكن تطبيقه في الصفوف الثانوية.

ويعرف رزوق (1979) اليأس بأنه: حالة عاطفية غير سارة ترتبط بالتخلي من جانب المرء عن الأمل بالنسبة لبذل الجهد بنجاح في سبيل التوصل إلى هدف أو إشباع رغبة.

كما يعرف الشرقاوي (1984) اليأس بأنه: انقطاع الأمل والرجاء والوصف من يأس - يائس - ويقال أن من كثر يأسه فهو يئوس، ويصف القرآن الكريم الإنسان في قوله تعالى:

(أنعمنا على الإنسان أعرض ونأى بجانبه وإذا مسه الشر كان يئوسا)(الإسراء: 83).

ويعرف "بيك" Beck اليأس أو فقدان الأمل بأنها "حالة وجدانية تبعث على الكآبة وتتسم بتوقعات الفرد السلبية نحو الحياة والمستقبل وخيبة الأمل أو التعاسة، وتعميم ذلك الفشل في كل محاولة، وقد أطلق "بيك" على ذلك الثالوث المعرفي للاكتئاب واليأس وتعني النظرة السلبية للذات والعالم والمستقبل" (Beck, et al, 1987). ويرتبط بأنواع مختلفة من الاضطرابات النفسية وتتضمن الاتجاه السلبي للشخص نحو النظرة للحاضر والمستقبل، فالأشخاص اليائسون يعتقدون أن لا شيء يمكن أن يتحول ليكون في صالحهم، وعجزهم عن النجاح في أي عمل يقومون به، وعجزهم عن تحقيق أهدافهم.

ويعرف بدر (1991، ص 118) اليأس بأنه: حال من أحوال الإنسان يرتبط على

الدوام بفشله واستسلامه لهذا الفشل وتنتج عنه حالة مزاجية كئيبة، ومن هذه الزاوية يرتبط اليأس بالاضطراب والمرض، وبذلك يكون اليأس سلبياً على الدوام.

كما يعرف عبد الرحمن (1991ص: 24) اليأس بأنه: اتخاذ الفرد اتجاها سلبياً نحو حاضره ومستقبله بشكل يفقده الأمل والرجاء ويقعده عن بذل الجهد اللازم لتحقيق أهدفه الحالية وطموحاته المستقبلية.

مقياس بيك لليأس (1974) Beck Hopelessness Scale (BHS) من إعداد "بيك"، "ستير" (Beck & Steer, 1974) ونشر مقياس "بيك" لليأس في أصله الإنجليزي وفي عام 1988 صدرت الطبعة الثانية للمقياس بدون أي تعديل أو إضافة بالنسبة لعدد البنود أو نوعيتها (Beck & Steer, 1988). وقد اعتمد هنا على الصيغة الأولى التي صدرت في عام 1974 - المتاحة لدينا والتي تتكون من عشرون (20) بنداً تم صياغتها بطريقة سهلة ومختصرة، يجيب عليها باختيار إجابة واحدة من إجابتين (نعم - لا) على كل بند علما بأن (9) بنود أرقام (1، 3، 5، 6،، 10، 13، 15، 19) تصحح سلبياً في ضوء النفي وتحصل الإجابة لا على درجة واحدة والإجابة (نعم) على الدرجة (صفر) في حين أن هناك (11) بنداً أرقام (2، 4، 7، 9، 11، 12،14، 16، 17، 18، 20) يصحح إيجابيا حيث تحصل الإجابة (نعم) على الدرجة (1) والإجابة (لا) على الدرجة (صفر) ثم تجمع الإجابات جميعها لاستخراج الدرجة الكلية، وتتراوح درجات المقياس بين (صفر، 20) درجة. علما بأن "بيك " يعرف اليأس كما أسلفنا بأنه حالة وجدانية تبعث على الكآبة وتتسم بتوقعات الفرد السلبية نحو الحياة والمستقبل وخيبة الأمل أو التعاسة، وتعميم الفشل في كل محاولة، وهو ما أطلق عليه الثالوث المعرفي للاكتئاب واليأس وتعني النظرة السلبية للذات والعالم والمستقبل وبناءاً على هذا التعريف وضع " بيك " و"ستير" بنود المقياس حيث أن (9) بنود منها تدور حول اتجاه الفرد نحو المستقبل. أما بقية البنود وعددها (11) بنداً، والتي تدور عباراته حول التشاؤم، حيث

أن تلك العبارات تعكس الاتجاه السلبي نحو المستقبل والتي كان يستخدمها المرضى في حديثهم بشكل متكرر يومياً. ثم عرض المقياس على محكمين لمراجعته وقد تم تصويب المقياس نحويا ومن ثم طبق على مجموعتين متعارضتين (مكتئبين وغير مكتئبين) وقد نجح المقياس في التمييز بين المجموعتين المتطرفتين من خلال تحليل التباين بين استجاباتهم. لذلك صمم مقياس " بيك " لليأس لاستخدامه على المرضى البالغين سواء الخاضعين للعلاج الإكلينيكي (المرضى الموجودين في المستشفى أو خارجه) أو غير الخاضعين له (مثلا: طلاب الكليات أو المتقدمين للوظائف) والذين تتراوح أعمارهم بين الثامنة عشرة والسبعين عاما. ويتطلب تطبيق المقياس مستوى من القراءة يوازي الصف الخامس. وتستغرقه عملية التطبيق بين (5) إلى (10) دقيقة تقريبا، وأن كان وقتا أكثر يكون مطلوبا لكبار السن والأفراد الذين لديهم تدني في الأداء الحركي والمعرفي وبطيئين القراءة.

تعليمات التطبيق: يطبق مقياس " بيك " لليأس ذاتيا وتعد التعليمات المدونة على ورقة الأسئلة كافية ومختصرة لتوجيه المفحوصين، ويستغرق التطبيق من 5 - 10 دقيقة. والمقياس مكون من (20) عبارة، يقوم المفحوصين بتقدير كل عبارة على مقياس ثنائي (صيغة الاختيار بين بديلين) وفقا لدرجة مطابقة العبارة له (نعم - لا).

مقياس " بيك " لليأس

تعليمات: فيما يلي عدد من العبارات التي يمكن أن تميز مشاعرنا وسلوكنا. اقرأ كل عبارة وضع بعدها دائرة واحدة حول " نعم " أو " لا " ولا تفكر كثيرا في الإجابة، ولا تترك أي عبارة دون إجابة.

الرقم	الفقرة	نعم	لا
1-	أتطلع إلى المستقبل بأمل وحماس.	0	1
2-	يمكنني أن أقر بعجزي لأنني لم أستطيع تحقيق الأفضل بالنسبة لنفسي.	1	0
3-	عندما تسوء الأمور، فإنه تساعدني معرفتي بأن الأمور لن تدوم كذلك إلى الأبد.	0	1
4-	لا أستطيع أن أتخيل ماذا ستكون عليه حياتي بعد عشر سنوات.	1	0
5-	لديّ الوقت الكافي لانجاز الأشياء التي تشتد رغبتي في القيام بها.	0	1
6-	في المستقبل، أتوقع أن أنجح فيما هو أكثر أهمية بالنسبة لي.	0	1
7-	يبدو أن المستقبل مظلم بالنسبة لي.	1	0
8-	أتوقع أن أحمل من الأشياء الجيدة في الحياة قدرا أكبر مما ينال الشخص العادي.	0	1
9-	لم يكن لي حظ سعيد، وليس هناك سبب يدعو للاعتقاد بأنني سأحصل عليه في المستقبل.	1	0
10-	أن خبراتي الماضية قد أعدتني إعدادا جيداً للمستقبل.	0	1
11-	كل ما أستطيع رؤيته أمامي، هو أمور سيئة أكثر مما هي سارة.	1	0
12-	لا أتوقع أن أحصل على ما أريده حقيقة.	1	0
13-	عندما أتطلع إلى المستقبل، أتوقع أنني سوف أكون أسعد مما أنا عليه الآن.	0	1
14-	لن تحدث الأمور في المستقبل بالطريقة التي أودها .	1	0

-15	لدى (عندي) ثقة كبيرة في المستقبل.	0	1
-16	أنا لا أحصل أبدا على ما أريد، ولذلك فمن الحماقة أن أرغب في أي شيء.	1	0
-17	من غير المتوقع أنني سأحقق أي إشباع حقيقي لرغباتي في المستقبل.	1	0
-18	يبدو لي المستقبل غامضا ومشكوكا فيه.	1	0
-19	باستطاعتي أن أتوقع أن الأيام الهانئة ستكون أكثر من الأيام السيئة.	0	1
-20	لا فائدة من المحاولة الجادة للحصول على شيء ما أريده، لأنني لن أتمكن من الحصول عليه في الغالب.	1	0

طريقة التصحيح والتفسير:

يتكون مقياس اليأس من (20) بندا. ومن هنا فإنه يمكن استخراج الدرجة الكلية التي حصل عليها المفحوصين بجمع الدرجات أو النقاط لكل إجابة اختارها المفحوص. ويمكن أن تتفاوت الدرجة الكلية على المقياس بأكمله من صفر (الحد الأدنى) إلى 20 (الحد الأقصى). وتعكس الدرجة العالية للمقياس أن اليأس مرتفع، فيما تعكس الدرجة المنخفضة أن اليأس منخفض (الأنصاري، 2002).

إحدى عشر: مقياس الغضب

يفيد هذا المقياس في تحديد مدى الغضب الذي يحمله الطلبة وعم القدرة على السيطرة على ضبط الذات، ويهتم بقياس الغضب كسمة موجودة لدى الفرد وكحالة انفعالية مؤقتة.

الغضب: انفعال يصاحب الإنسان منذ ولادته، يساعد صاحبه على إبعاد الأشياء المزعجة، أو تغيير الظروف التي تعرقل نموه وتقدمه، أو تمنعه من نيل رغباته، أو انفعال شديد يخلق طاقة لدى الإنسان إثر حادثة ما (بن علو، 1993). ورأى المصري بأنه: تغير طارئ على الفكر إثر حادثة ما، أو حالة نفسية وظاهرة انفعالية، يحس بها المرء في الأيام الأولى من حياته (المصري،1986). بينما رآه شيفر وهوارد بأنه: رد فعل غريزي للإحباط، أو التعرض للهجوم، أو لعدم تلبية توقعاتنا، التعبير عن مشاعر قوية، بدلاً من أن تفكر بطريقة منطقية، رد الفعل الطبيعي لكلمة توقف. (شيفر هوارد، 1996)

هذا وقد ميز Spielberger بين الغضب حالة وسمة، الغضب حالة Anger as a state ويعرفه بأنه: حالة عاطفية تتركب من أحاسيس ذاتية تتضمن التوتر والانزعاج والإثارة والغيظ، كما أن الغضب حالة يشير إلى خبرة وقتية متغيرة ومرحلية متعلقة بشعور الفرد بأنه مضطرب هنا والآن، كما ويمكن تعريف الغضب حالة بأنه حالة انفعالية مؤقتة تختلف في الشدة من فرد لآخر حسب طريقة تأثيره بالموقف الذي يتعرض له وطريقة تفكيره في هذا الموقف.

الغضب كسمة Anger as a Trait فيعرفه بلغة الكم: بعدد المرات التي يشعر فيها المفحوص بحالة الغضب وفي وقت محدد والشخص مرتفع سمة الغضب يميل للاستجابة لكل المواقف أو غالبيتها بالغضب، كما أن الغضب سمة يشير إلى ميل أو تهيؤ أو سمة ثابتة نسبيا في الشخصية يكون لدى الفرد ميل ثابت نسبيا للاستجابة لمواقف الحياة المختلفة بطريقة يغلفها حالة الغضب. (Spielberger,1988)

فيما يلي عدد من العبارات التي اعتاد الناس وصف أنفسهم بها، اقرأ كل عبارة ثم ضع علامة X داخل أحد المربعات التالية لكل منها، لتبين ما الذي تشعر به فعلا الآن، أي في هذه اللحظة، ليست هناك إجابات صحيحة وأخرى خاطئة، ولا تفكر طويلا في أي عبارة منها، ولكن ضع الإجابة التي يبدو أنها تصف مشاعرك الحالية على أفضل وجه.

	الرقم	الفقرة	نادراً	أحياناً	كثيراً	دائماً
الغضب كحالة	-1	ما أشعر به في هذه اللحظة: أشعر بالغيظ	0	1	2	3
	-2	أشعر بالضيق	0	1	2	3
	-3	أشعر بالرغبة في الانتقام	0	1	2	3
	-4	أشعر بالرغبة في الصياح في وجه شخص ما	0	1	2	3
	-5	أشعر بالرغبة في تحطيم الأشياء	0	1	2	3
	-6	أكاد أجن من الغيظ	0	1	2	3
	-7	أشعر برغبة في أن أضرب بعنف على الطاولة	0	1	2	3
	-8	أشعر بالرغبة في ضرب شخص ما	0	1	2	3
	-9	أكاد احترق من الداخل	0	1	2	3
	-10	اشعر بالرغبة في توجيه الشتائم	0	1	2	3
الغضب كسمة	-11	مزاجي سريع الاستثارة	0	1	2	3
	-12	طبعي حاد	0	1	2	3
	-13	أميل للتسرع والاندفاع	0	1	2	3

	-14	أغضب حينما تتسبب أخطاء الآخرين في تأخيري	0	1	2	3
	-15	أشعر بالضيق حينما لا يلقي عملي الجيد تقديرا	0	1	2	3
	-16	أفقد السيطرة على نفسي	0	1	2	3
	-17	أتفوه بألفاظ غير لائقة حين يستثار غضبي	0	1	2	3
	-18	أغضب بشدة حينما أتعرض للنقد أمام الآخرين	0	1	2	3
	-19	أشعر برغبة في أن أضرب شخصا ما حين أتعرض للإحباط	0	1	2	3
	-20	استشاط غضبا حينما أقوم بعمل جيد وأحصل على تقدير ضعيف	0	1	2	3

القرشي، عبد الفتاح. (1997)، قائمة حالة وسمة الغضب، إعداد: سيبليرجر Speilberger

طريقة التصحيح والتفسير:

عدد فقرات المقياس بشقيه (20) فقرة يطبق الغضب كحالة وكسمة، وتتراوح علامة المقياس لكل مجال بين (0-30) والمتوسط (15) وللمقياس ككل تتراوح العلامة بين (0-60) والمتوسط (30). وكلما ارتفعت العلامة عن المتوسط دل ذلك على وجود مستوى من الغضب لدى الفرد.

اثني عشر: استخبار الحالات الثماني sq

إعداد جيمس كوران، ريموند، كاتل cattell and curron

تعريب عبد الغفار الدماطي واحمد عبد الخالق

إعداد الصورة الكويتية: بدر محمد الأنصاري

هذا الاختبار يقيس ثمانية حالات نفسية أساسية ومهمة، وهي: القلق، الانعصاب، الاكتئاب، النكوص، الإرهاق، الشعور بالذنب، الانبساط، التنبيه، ويمكن أن يطبق كمقياس كلي، ويمكن أن يطبق للتعرف على حالة واحدة من الحالات الثمانية، وينصح بتطبيقه على الطلبة في المرحلة الثانوية.

تعليمات كراسة الأسئلة:

تحتوي هذه الكراسة على عبارات تتعلق بالحالات النفسية أو الأمزجة والمشاعر التي يحملها معظم الناس في وقت من الأوقات. ونظرا لاختلال الناس وتفاوتها في هذه الأمزجة وتلك المشاعر فإنه ليست هناك إجابة صائبة أو خاطئة لكل عبارة منها وكل ما يجب عليك فعلة هو أن تقوم بالإجابة عن هذه العبارات طبقا لما تشعر به في هذه اللحظة.

لا تجب عنها طبقا لما تشعر به عادة، ولكن على الأصح طبقا لما تشعر به الآن وفي هذا المكان. ضع من فضلك إشارة الإجابة لكل عبارة على ورقة الإجابة فقط, حيث يوجد لكل عبارة أربع اختيارات هي أ، ب، ج، د. اختر منها أفضل إجابة تعبّر عما تشعر به في هذه اللحظة بالذات، ثم ضع علامة (✘) على الحرف الذي يمثل أجابتك التي اخترتها. والذي ينبغي أن يكون حرفا واحدا فقط لكل عبارة.

تأكد في كل مرة تضع فيها إشارة الإجابة أن رقم العبارة هو نفس الرقم الذي تقوم بالتأشير علية في ورقة الإجابة.

والمثال التالي يوضح ذلك:

* أشعر أنني في حالة نفسية سعيدة:

أ.   صحيح تماما.

ب. صحيح إلى حد ما

ج.   خاطئ إلى حد ما

د.   خاطئ تماما

وبإمكانك بالطبع أن تختار أي إجابة من الإجابات الأربعة السابقة. فإذا كنت سعيدا حقا في هذه اللحظة فستختار الحرف (ا). ثم تضع إشارة علية ، أما إذا كنت تشعر الآن انك غير سعيد بالمرة فستقوم بوضع إشارة على الحرف (د) لاحظ أن إجابتي (ب) و (ج) تعطيانك اختيارا وسطا بين ما هو صائب تماما أو خاطئ تماما. لكن لا تستخدم أي منهما كإجابة إلا إذا كان الاختيار (أ) أو الاختيار (د) لا يمثل بكل دقة ما تشعر به الآن

ضع النقاط الخمسة التالية نصب عينيك أثناء الإجابة:

1- لا تقض وقتا طويلا أكثر من اللازم مفكرا في أجابتك. بل أعط الإجابة الأولى الطبيعية التي تأتي إلى ذهنك عن الحالة التي تشعر بها الآن.

2- تأكد من أن الرقم الذي تؤشر عليه في ورقة الإجابة يطابق رقم العبارة الموجودة في كراسة الاختبار.

3- اجب عن كل عبارة حتى ولو كانت تبدو غير منطقية عليك بشكل جيد. علما بان جميع إجاباتك سوف تبقى سرية وستحفظ طي الكتمان.

4- اجب عما يصدق عليك بقدر ما يمكنك من الصدق والنزاهة. ولا تقم من فضلك بالتأشير على إجابة ما لمجرد إنها تبدو شبيهة بما يجب عليك أن تقوله.

5- تذكر دائماً أن أجابتك يجب أن تكون مطابقة للحالة النفسية التي تشعر بها حاليا وفي لحظة الإجابة بالذات

بعد القلق:

الرقم	الفقرة	الإجابة			
-1	ليست لدي هموم أو مشاكل في هذه الدقيقة	صحيح تماما 0	صحيح إلى حد ما 1	خاطئ إلى حد ما 2	خاطئ تماما 3
-2	اشعر أنني متوتر ومضطرب	صحيح تماما 3	صحيح إلى حد ما 2	خاطئ إلى حد ما 1	خاطئ تماما 0
-3	إذا حدث حادث الآن وفي هذه اللحظة فأنني لن أثار أو انزعج بصورة مفرطة	صحيح تماما 0	صحيح إلى حد ما 1	خاطئ إلى حد ما 2	خاطئ تماما 3
-4	ليست لدي الآن وفي هذه اللحظة أية مشاعر من العصبية والنرفزة (وذلك مثل اضطراب معدتي أو خفقان قلبي.... الخ	صحيح تماما 0	صحيح إلى حد ما 1	خاطئ إلى حد ما 2	خاطئ تماما 3
-5	أخشى- وأنا في حالتي النفسية الحالية أنى قد أصبح في شدة الغضب وان أقوم بتوبيخ شخص ما	صحيح تماما 3	صحيح إلى حد ما 2	خاطئ إلى حد ما 1	خاطئ تماما 0
-6	أنني بالحالة التي اشعر بها الآن يمكنني أن أعالج معظم الأمور التي قد تطرأ (تحدث)	صحيح تماما 0	صحيح إلى حد ما 1	خاطئ إلى حد ما 2	خاطئ تماما 3

-7	أعتقـد أننـي في حـالتي النفسـية الراهنة سوف أوشك على البكاء إذا سارت الأمور بطريقة خاطئة	صحيح تماما 3	صحيح إلى حد ما 2	خاطئ إلى حد ما 1	خاطئ تماما 0
-8	أني قلق كما لـو كنـت في حاجـة إلى شيء ما ولكنني لا اعلم ما هو	صحيح تماما 3	صحيح إلى حد ما 2	خاطئ إلى حد ما 1	خاطئ تماما 0
-9	اشعر بأنني في هذه اللحظـة "عـلى راحتي" إلى حد كبير جداً	صحيح تماما 3	صحيح إلى حد ما 2	خاطئ إلى حد ما 1	خاطئ تماما 0
-10	أنا في حالة نفسية سارة ومشجعة	صحيح تماما 0	صحيح إلى حد ما1	خاطئ إلى حد ما 2	خاطئ تماما 3
-11	اشـعر بـأنني سـيئ الطبـع ضـيق الخلق	صحيح تماما 3	صحيح إلى حد ما 2	خاطئ إلى حد ما 1	خاطئ تماما 0
-12	في هذه اللحظة آنا قلق مهموم	صحيح تماما 3	صحيح إلى حد ما 2	خاطئ إلى حد ما 1	خاطئ تماما 0

بعد الانعصاب:

الرقم	الفقرة	الإجابة			
13-	الآن وفي هذه اللحظة	هناك مقدار كبير من الضغط علي 3	هناك بعض الضغط علي 2	هناك قليل من الضغط يوضع علي بصعوبة1	ليس هناك ضغط علي على الإطلاق 0
14-	اعمل اليوم بقدر ما يمكنني حقا أن افعل	صحيح تماما 0	صحيح إلى حد ما 1	خاطئ إلى حد ما 2	خاطئ تماما 3
15-	ألان وفي هـذه اللحظـة لـن تسـمح الظروف لي أن آخذ الأمر بسهولة	صحيح تماما 3	صحيح إلى حد ما 2	خاطئ إلى حد ما 1	خاطئ تماما 0
16-	من الممكن أن توصف حياتي اليوم بأنها	قلقة محمومة جدا كما إنها مستنزفة جدا للطاقة 3	قلقة محمومة جدا كما إنها مستنزفة للطاقة بعض الشيء 2	تسير في الغالب بسهولة 1	تأخذ الأمر بسهوله تامة 0
17-	أرغـب أن أقـول الآن وفي هـذه اللحظة بالذات أنني	سأكون هادئ جدا 0	سأكون هادئ إلى حد ما 1	قلق ومتلهف بعض الشيء 2	قلق جدا 3

-18	لا اشعر في هذه اللحظة بأي وطأة أو إجهاد شديدين	صحيح تماما، حيث لا اشعر بذلك 0	صحيح إلى حد ما 1	خاطئ إلى حد ما 2	خاطئ تماما، حيث اشعر بذلك 3
-19	يبدو أنني نشيط مشغول باستمرار لا آكل ولا أمّل وشاعر بأن لدي ألف شيء يتحتم علي فعلة	صحيح تماما 3	صحيح إلى حد ما 2	خاطئ إلى حد ما 1	خاطئ تماما 0
-20	حياتي الاجتماعية تعتبر	تقريبا غير موجودة وهي تقريبا لا شيء 0	مملة مضجرة إلى حد ما 1	مفعمة بالنشاط إلى حد ما 2	مفعمة جدا بالنشاط ومليئة بالإثارة 3
-21	في حالتي النفسية الحاضرة سوف استمتع بلعبة أو مباراة في حالة فوزي بها فقط	صحيح تماما 3	صحيح إلى حد ما 2	خاطئ إلى حد ما 1	خاطئ تماما 0
-22	لقد كان لدي اليوم عدد كبير من المطالب التي طُلب مني أدائها	صحيح تماما 3	صحيح إلى حد ما 2	خاطئ إلى حد ما 1	خاطئ تماما 0

-23	أبـدو الآن في هـذه اللحظـة أننـي اعمل	بمستوى عالي من الفعالية والكفاءة 0	بمستوى متوسط من الفعالية والكفاءة 1	بمستوى اقل من المتوسط من الفعالية والكفاءة 2	بمستوى منخفض جدا من الفعالية والكفاءة 3
-24	اشعر اليوم أنني	لست غاضبا على الإطلاق 0	غاضب قليلا 1	غاضب إلى حد ما 2	غاضب جدا 3

بعد الاكتئاب:

الرقم	الفقرة	الإجابة			
-25	أنا مبتهج حقا	صحيح تماما 0	صحيح إلى حد ما 1	خاطئ إلى حد ما 2	خاطئ تماما 3
-26	إن الحالـة التـي اشـعر بهـا الآن تجعلني لا اعتمد أكثر مـما ينبغـي على كرم الناس الذين اعرفهم	صحيح تماما 3	صحيح إلى حد ما 2	خاطئ إلى حد ما 1	خاطئ تماما 0
-27	ألان وفي هذه اللحظة لست متفائلا بالنسبة للأمور بالقدر الذي أعهـده في نفسي	صحيح تماما 3	صحيح إلى حد ما 2	خاطئ إلى حد ما 1	خاطئ تماما 0

-28	آنا في مزاج أو في حالة نفسية تسمح لي بالتمتع مع الأصدقاء بنوع ما من الألعاب أو الرياضة	صحيح تماما 0	صحيح إلى حد ما 1	خاطئ إلى حد ما 2	خاطئ تماما 3
-29	لقد حصلت على قسط وافر من التمتع بفعل أشياء لنفسي اليوم	صحيح تماما 0	صحيح إلى حد ما 1	خاطئ إلى حد ما 2	خاطئ تماما 3
-30	أجد الضوضاء العالية والأصوات المرتفعة كريهة بغيضة إلى نفسي- اليوم، ومن الصعب تحملها	صحيح تماما 3	صحيح إلى حد ما 2	خاطئ إلى حد ما 1	خاطئ تماما 0
-31	في هذه اللحظة الراهنة لست سعيد مثل من حولي من الآخرين الذين يبدون سعداء	صحيح تماما 3	صحيح إلى حد ما 2	خاطئ إلى حد ما 1	خاطئ تماما 0
-32	أعاني وأنا في حالتي الراهنة من إبقاء أي شيء جدير بالاهتمام في ذاكرتي	صحيح تماما 3	صحيح إلى حد ما 2	خاطئ إلى حد ما 1	خاطئ تماما 0
-33	اشعر الآن وفي هذه اللحظة بأن كل شيء في الحياة يسير بنجاح وبالطريقة التي أريدها	صحيح تماما 0	صحيح إلى حد ما 1	خاطئ إلى حد ما 2	خاطئ تماما 3
-34	مهما يكن ما سوف يتعين علي فعلة فإني اعتقد أني سوف أقوم بأدائه بصورة أفضل من المعتاد	صحيح تماما 0	صحيح إلى حد ما1	خاطئ إلى حد ما 2	خاطئ تماما 3

-35	أشـعر الآن وفي هـذه اللحظـة عـلى درجـة عاليـة مـن الكآبـة وانقبـاض الصدر لدرجة تـدعوني إلى التسـاؤل إذا مـا كـان باسـتطاعتي أن انهـي اليوم بنجاح	صحيح تماما 3	صحيح إلى حد ما 2	خاطئ إلى حد ما 1	خاطئ تماما 0
-36	أنـا في حالـة نفسـية مـن الفـرح والابتهاج والمزاح	صحيح تماما 0	صحيح إلى حد ما 1	خاطئ إلى حد ما 2	خاطئ تماما 3

بعد النكوص:

الرقم	الفقرة	الإجابة			
-37	إذا عرضت لدي مشكلة صعبة وأنـا بالحالة التـي اشـعر بهـا الآن فإنهـا ستعتبر	تحديا تاما 0	تحديا إلى حد ما 1	إزعاجا 2	مشكلة يصعب التغلب عليها 3
-38	في حالتي النفسـية التـي اشـعر بهـا الآن فإنني أجد نفسي أتصرف	بحذر وتروٍ شديدين 0	على الأصح باحتراس وحذر 1	على الأصح باندفاع وتهور 2	باندفاع وتهور شديدين دون أن أفكر أو لا 3

-39	إذا كـــان لي أن اشـــترك في نشـــاط جماعـــي الآن وفي هـــذه اللحظـــة فأنني سأكون	متعاوناً ومتحمسا جدا 0	متعاوناً على الأصح 1	غير متعاون على الأصح 2	غير متعاون بالمرة 3
-40	تضل الألحان والمقاطع الموسيقية جارية اليوم في رأسي حتـى حـين لا أريدها أن تتصادم مع أفكاري	صحيح تماما 3	صحيح إلى حد ما 2	خاطئ إلى حد ما 1	خاطئ تماما 0
-41	اشعر الآن وفي هذه اللحظة بـأنني في أحسن أحوالي العقلية والبدنية	صحيح تماما 0	صحيح إلى حد ما 1	خاطئ إلى حد ما 2	خاطئ تماما 3
-42	تتدافع اليوم إلى ذهني مشاهد من الماضي بينما أكون مفكرا في أشياء تختلـف اختلافـا تامـا في هـذه المشاهد	صحيح تماما 3	صحيح إلى حد ما 2	خاطئ إلى حد ما 1	خاطئ تماما 0
-43	يمكنني في حالتي النفسـية الراهنـة أن أصمم بسهولة على عمل أمور	صحيح تماما 0	صحيح إلى حد ما 1	خاطئ إلى حد ما 2	خاطئ تماما 3
-44	أجـد مـن الصعب عـليّ اليـوم أن أرتب أفكاري عندما أريـد أن أقـول شيئا ما	صحيح تماما 3	صحيح إلى حد ما 2	خاطئ إلى حد ما 1	خاطئ تماما 0

-45	إذا كان ولا بد أن أقوم الآن بجهد بدني شاق فإنني سوف أصاب بالدوخة والدوار وسأشعر وكأنني مصاب بالإغماء	صحيح تماما 3	صحيح إلى حد ما 2	خاطئ إلى حد ما 1	خاطئ تماما 0
-46	أتمنى أن لا تكون حياتي في غاية التعقيد والاضطراب ألان وفي هذه اللحظة	صحيح تماما 3	صحيح إلى حد ما 2	خاطئ إلى حد ما 1	خاطئ تماما 0
-47	أشعر الآن وفي هذه اللحظة على درجة عالية من الكآبة وانقباض الصدر لدرجة تدعوني إلى التساؤل إذا ما كان باستطاعتي أن انهي اليوم بنجاح	صحيح تماما 0	صحيح إلى حد ما 1	خاطئ إلى حد ما 2	خاطئ تماما 3
-48	أنا في حالة نفسية من الفرح والابتهاج والمزاح	صحيح تماما 3	صحيح إلى حد ما 2	خاطئ إلى حد ما 1	خاطئ تماما 0

بعد الإرهاق:

الرقم	الفقرة	الإجابة			
-49	اشعر في هذه اللحظة بأنني كسولا جدا	صحيح تماما 3	صحيح إلى حد ما 2	خاطئ إلى حد ما 1	خاطئ تماما 0
-50	اشعر أنني	يقظ تماما 0	يقظ بعض الشيء 1	نعسان إلى حد ما 2	نعسان جدا 3
-51	اشعر اليوم بأنني في شدة التعب والإجهاد	صحيح تماما 3	صحيح إلى حد ما 2	خاطئ إلى حد ما 1	خاطئ تماما 0
-52	أشعر أنني مليء بالحيوية والنشاط	صحيح تماما 0	صحيح إلى حد ما 1	خاطئ إلى حد ما 2	خاطئ تماما 3
-53	اشعر اليوم بالتعب والإجهاد حتى إذا عملت حقا بجد واجتهاد	صحيح تماما 0	صحيح إلى حد ما 1	خاطئ إلى حد ما 2	خاطئ تماما 3
-54	اشعر في هذه اللحظة بأن ذراعي ورجلي تقريبا ثقيلة إلى درجة شديدة بحيث لا تتحرك	صحيح تماما 3	صحيح إلى حد ما 2	خاطئ إلى حد ما 1	خاطئ تماما 0
-55	في هذه اللحظة الحالية أفضل	أن استلقي في فراشي لأستريح برهة قصيرة 3	مجرد أخذ الأمور بسهولة 2	أن افعل شيئا ما بحيث لا يتطلب جهدا كبيرا 1	أن افعل شيئا ما مليئا بالجهد الشاق والإثارة 0

-56	أن ممارسـة شيء مـن التـدريب والتمرين البدني الآن سوف	يُمدني حقا بالحيوية والنشاط 0	يُمدني بمقدار قليل من الحيوية والنشاط 1	يُتعبني قليلا 2	يستنفد طاقتي وينهكني 3
-57	أن ميلي للعمل في اللحظـة الحاليـة هو بدرجة مساوية لمستواي العادي	صحيح تماما 0	صحيح إلى حد ما 1	خاطئ إلى حد ما 2	خاطئ تماما 3
-58	اشـعر وكـأن دمـي "متعكـر" (مـن التعب والإرهاق)	صحيح تماما 3	صحيح إلى حد ما 2	خاطئ إلى حد ما 1	خاطئ تماما 0
-59	أن لدي الآن وفي هذه اللحظة طاقة كافياً لقدمين: بنزهة طيّبة سيرا على القدمين	صحيح تماما 0	صحيح إلى حد ما 1	خاطئ إلى حد ما 2	خاطئ تماما 3
-60	اشعر من الناحية البدنية بأنني	مرهق مائة بالمائة 3	متعب 2	نشيط إلى حد ما 1	مليء بالطاقة والنشاط 0

بعد الشعور بالذنب:

الرقم	الفقرة	الإجابة			
61-	آنا ثائر وغاضب جدا وقلق إلى درجة أن يديّ ترتعشان	صحيح تماما 3	صحيح إلى حد ما 2	خاطئ إلى حد ما 1	خاطئ تماما 0
62-	في هذه اللحظة الحالية ليس لدي آلام وأوجاع غريبة لا يمكنني شرحها	صحيح تماما 0	صحيح إلى حد ما 1	خاطئ إلى حد ما 2	خاطئ تماما 3
63-	أن الطريقة التي اشعر بها الآن تجعلني أسائل نفسي إذا كنت حقا يوما ما محل نفع وفائدة كبيرة بالنسبة لأي إنسان	صحيح تماما 3	صحيح إلى حد ما 2	خاطئ إلى حد ما 1	خاطئ تماما 0
64-	اشعر في هذه اللحظة بنوع من الذنب بالنسبة لأشياء	صحيح تماما 3	صحيح إلى حد ما 2	خاطئ إلى حد ما 1	خاطئ تماما 0
65-	اشعر بأنني أنجز واجباتي بطريقة يستحسنها ويوافق عليها كل فرد	صحيح تماما 0	صحيح إلى حد ما 1	خاطئ إلى حد ما 2	خاطئ تماما 3
66-	آنا اليوم كثير المطالب والتذمر والشكوى إلى حد ما	صحيح تماما 3	صحيح إلى حد ما 2	خاطئ إلى حد ما 1	خاطئ تماما 0
67-	سوف اضطجع الليلة مستيقظاً متسائلا ماذا سيحدث بسبب أشياء قمت بفعلها خطأ	صحيح تماما 3	صحيح إلى حد ما 2	خاطئ إلى حد ما 1	خاطئ تماما 0

-68	أنـا قـانع الآن وفي هـذه اللحظـة بالطريقة التي أتصرف بها عادة	صحيح تماما 0	صحيح إلى حد ما 1	خاطئ إلى حد ما 2	خاطئ تماما 3
-69	أشعر في هذه اللحظة بـأنني مثقـل مرهق وحزين، كما أفكـر في الأمـور السيئة التي كنت قد فعلتها	صحيح تماما 3	صحيح إلى حد ما 2	خاطئ إلى حد ما 1	خاطئ تماما 0
-70	آنـا راض عـن نفسي- قـانع بهـا الآن وفي هذه اللحظة	صحيح تماما 0	صحيح إلى حد ما 1	خاطئ إلى حد ما 2	خاطئ تماما 3
-71	اشـعر وكأنـه لـن يكـون هنـاك لأنـام:يقنـي عنـدما اذهـب الليلـة لأنام	صحيح تماما 0	صحيح إلى حد ما 1	خاطئ إلى حد ما 2	خاطئ تماما 3
-72	آنـا قـانع راض في هـذه اللحظـة الحـاضرة بالطريقـة التـي سـارت عليها الأمور	صحيح تماما 0	صحيح إلى حد ما 1	خاطئ إلى حد ما 2	خاطئ تماما 3

بعد الانبساط:

الرقم	الفقرة	الإجابة			
-73	حين أتحدث إلى الناس فأنني اشـك فيما إذا كانوا مهتمين حقا بما أقوله لهم	صحيح تماما 0	صحيح إلى حد ما 1	خاطئ إلى حد ما 2	خاطئ تماما 3

-74	في هذه اللحظة الحالية اشعر أنني	ثرثار جدا 3	ثرثار إلى حد ما 2	هادئ بعض الشيء 1	هادئ جدا 0
-75	إذا كان لي أن أوجد في زحام الآن وفي هذه اللحظة فإنني سأكون	مرتاح تماما 3	مرتاح إلى حد ما 2	غير مرتاح إلى حد ما 1	غير مرتاح بالمرة 0
-76	أتمنى في هذه الدقيقة بالذات أن أكون في حفل صاخب	صحيح تماما 3	صحيح إلى حد ما 2	خاطئ إلى حد ما 1	خاطئ تماما 0
-77	اشعر في هذه اللحظة بأنني جريء ومغامر جدا	صحيح تماما 3	صحيح إلى حد ما 2	خاطئ إلى حد ما 1	خاطئ تماما 0
-78	الآن وفي هذه اللحظة تكون قراءة القصص أكثر إمتاعا مما لو قصصتها	صحيح تماما 0	صحيح إلى حد ما 1	خاطئ إلى حد ما 2	خاطئ تماما 3
-79	إذا كان ولا بد أن أتتحدث إلى أناس آخرين وفي هذه اللحظة فأنني لا محالة	سأواجه صعوبة كبيرة في التفكير فيما أقول 0	سأواجه بعض الحرج للتفكير فيما أقول 1	لن أواجه حرجا على الإطلاق للتفكير فيما أقول 2	سوف أقول أكثر مما يتسع الوقت لقوله 3

-80	إذا فُرض وكان هناك الآن تجمع اجتماعي فإنني على الأرجح سوف اجلس فقط في الخلف أشاهد الآخرين	صحيح تماما 0	صحيح إلى حد ما 1	خاطئ إلى حد ما 2	خاطئ تماما 3
-81	إذا كان ولا بد أن يطلب مني الآن بالذات وبدون توقع أن أقف متحدثا أمام حشد هائل من الناس فإنني سوف	أكون عصبيا متنرفزا جدا وغير واثق من نفسي 0	أكون عصبيا متنرفزا قليلا 1	أكون إلى حد ما هادئا وواثقا من نفسي 2	أكون هادئا جدا وواثقا من نفسي 3
-82	معظم الناس الذين أعرفهم يمكن أن يعتبروني اليوم	أهدأ بكثير مما اعتدت أن أكون عليه 0	أهدأ بقليل مما اعتدت أن أكون عليه 1	أنشط بقليل مما اعتدت أن أكون عليه 2	أنشط بكثير مما اعتدت أن أكون عليه 3
-83	آنا مسرور في هذه اللحظة بمظهري البدني	صحيح تماما 3	صحيح إلى حد ما 2	خاطئ إلى حد ما 1	خاطئ تماما 0
-84	حين أتحدث عن أشياء وأمور اليوم فإنه بإمكاني أن اجعل الآخرين يشاركوني حاجتي لها	صحيح تماما 3	صحيح إلى حد ما 2	خاطئ إلى حد ما 1	خاطئ تماما 0

بعد التنبيه:

الرقم	الفقرة	الإجابة			
-85	تندفع الأفكار البارعة فجأة إلى عقلي اليوم	صحيح تماما 3	صحيح إلى حد ما 2	خاطئ إلى حد ما 1	خاطئ تماما 0
-86	اشعر بأنني بحاجة إلى النوم بعض الشيء ولكنني قلق جدا بحيث لا يمكنني الذهاب إلى الفراش حتى لو استطعت النوم	صحيح تماما 3	صحيح إلى حد ما 2	خاطئ إلى حد ما 1	خاطئ تماما 0
-87	أفضل الآن وفي هذه اللحظة الاستماع إلى موسيقى ناعمة، حالمة، لا موسيقى صاخبة	صحيح تماما 0	صحيح إلى حد ما 1	خاطئ إلى حد ما 2	خاطئ تماما 3
-88	يتحتم علي اليوم أن اعمل بجد واجتهاد لكي أظل في منتهى اليقظة والانتباه	صحيح تماما 0	صحيح إلى حد ما 1	خاطئ إلى حد ما 2	خاطئ تماما 3
-89	لست أبدو الآن وفي هذا الوقت قادرا تماما على دراسة الأمور وفهمها بوضوح	صحيح تماما، فأنا لست قادرا على ذلك 0	صحيح إلى حد ما 1	خاطئ إلى حد ما 2	خاطئ تماما، لأنني قادر على ذلك 3
-90	يبدو سمعي في اللحظة الحالية أكثر حدة وقوة مما هو معتاد	صحيح تماما 3	صحيح إلى حد ما 2	خاطئ إلى حد ما 1	خاطئ تماما 0

-91	تحضرني الأفكار بسهولة في هذه اللحظة الحالية	صحيح تماما 3	صحيح إلى حد ما 2	خاطئ إلى حد ما 1	خاطئ تماما 0
-92	أن عقلي أكثر نشاطا وحيوية مما كان عليه مبكرا خلال اليوم	صحيح تماما 3	صحيح إلى حد ما 2	خاطئ إلى حد ما 1	خاطئ تماما 0
-93	تتقدم أفكاري اليوم ببدء	صحيح تماما 0	صحيح إلى حد ما 1	خاطئ إلى حد ما 2	خاطئ تماما 3
-94	يبدو أن الوقت يمر ببطء شديد هذا اليوم	صحيح تماما 0	صحيح إلى حد ما 1	خاطئ إلى حد ما 2	خاطئ تماما 3
-95	أن الطريقة التي اشعر بها الآن هي أنه بإمكاني أن أصبح متحمسا تقريبا لأي شيء	صحيح تماما 3	صحيح إلى حد ما 2	خاطئ إلى حد ما 1	خاطئ تماما 0
-96	يبدو لي أن قدرا كبيرا جدا (من الأمور) تحدث فجأة وفي وقت واحد	صحيح تماما 0	صحيح إلى حد ما 1	خاطئ إلى حد ما 2	خاطئ تماما 3

وصف الحالات التي يقيسها استخبار الحالات الثمانية:

القياس	يصف المفحوص نفسه بأنه
القلق	مهموم، يمكن مضايقته بسهولة، متوتر، مضطرب انفعاليا، يمكن إغضابه بسهولة، عصبي شديد، الحساسية، يمكن إزعاجه بسهولة
الإنعصاب	يشعر بكثير من الضغط، عاجز عن انتهاز الوقت للراحة والاسترخاء، ناشط دائماً في غير كلل، يشعر بأنه محموم، يعاني من توتر شديد، غير سعيد بما يقوم به من إنجاز، يعاني من تعدد المطالب
الاكتئاب	تعيس شقي، سيء الطبع، متشائم حزين منقبض النفس، محزون لما أصابه من خيبة أمل
النكوص	مشوش، غير منظم، عاجز عن التركيز، يعاني من صعوبة في الكفاح بنجاح، يتصرف باندفاع وتهور
الإرهاق	الراحة، مستنزف القوى، بلا طاقة، كسول بليد، متعب، محتاج إلى الراحة، مرهق، دون المعدل في الأداء والإنجاز
الذنب	مفعم بالندم، مشغول بما اقترفه من آثام، يعاني من صعوبة في النوم، قاس غير رحيم، غير راض عن نفسه
الانبساط	اجتماعي النزعة، محب للاختلاط، ودود غير متحفظ، مغامر جسور، ثرثار، متحمس
التنبيه	يقظ، متنرفز، منبه، متهيج، مثار، دو حواس قوية يقظة.

تعليمات تطبيق الاختبار:

يمكن إعطاء اختبار الحالات الثمانية إما لفرد أو لمجموعة من الأفراد.

تعليمات التصحيح:

نظرا لوجود اثني عشر بندا لكل حالة من الحالات الثمانية بالنسبة لكل حالة من الحالات الثمانية بالنسبة لكل من صيغتي الاختبار فإن 36 تعد أعلى درجة خام يمكن الحصول عليها من المقياس الفرعي الواحد حيث تتراوح الدرجة بين (0-36) ومن يحصل على علامة مرتفعة فإن ذلك يدل على وجود الحالة لديه (الأنصاري، 2002)

ثلاثة عشر: قائمة بورتس (**Porteous ,1985**) لمشكلات المراهقة

تقيس هذه القائمة تسعة أبعاد مشكلة لدى الطلبة المراهقين وهي: مشكلات تخص معاملة الوالدين، مشكلات تخص معاملة الأقران، مشكلات تخص فرص العمل، مشكلات تخص علاقة المراهق بالسلطة، الاهتمامات المتمركزة حول الذات، العلاقة بين الجنسين، الاضطهاد، الانحراف، التصور الذاتي، ويمكن تطبيق القائمة بشكل كامل أو يمكن الاهتمام بالأبعاد.

تتضمن القائمة عدة أبعاد وهي كما يلي:

1- مشكلات تخص معاملة الوالدين Parents وتقيسها الفقرات: 8، 9، 15، 16، 32، 33، 43، 49، 50، 57، 60، 66، 67 وتهتم بمدى تفهم الوالدين وتعاملهم مع المراهق

2- مشكلات تخص معاملة الأقران Peers وتقيسه الفقرات: 3، 6، 11، 22، 25، 37، 40، 56، 59، ويهتم بمدى تقبل المراهق من قبل أقرانه والمنتمين للمجموعة وعدم إحساسه بالوحدة

3- مشكلات تخص فرص العمل Employment وتقيسه الفقرات: 4، 7، 23، 31، 38، 41، 64، 65، وتهتم بعملية إيجاد عمل ومدى ملائمة الشخصية للأعمال المختلفة

4- مشكلات تخص علاقة المراهق بالسلطةAuthority وتقيسه الفقرات: 2، 14، 16، 19، 29، 33، 36، 46، 48، 53، 58، 63، وتهتم بفرض القيود والأنظمة على المراهقين

5- الاهتمامات المتمركزة حول الذات Self-centered Concerns وتقيسه الفقرات: 9، 10، 13، 15، 24، 27، 32، 43، 44، 45، 47، 49، 60، 66، وتهتم بالأمراض العصبية والشك الذاتي والصعوبات الجسمية كالتعب والمرض

6- العلاقة بين الجنسين Boy-Girl وتقيسه الفقرات: 5، 6، 20، 22، 39، 45، 54، 56، 61، وتهتم بعلاقة المراهق بالجنس الآخر ومدى ملائمة الفرد ومقدرته على إقامة هذه العلاقات ويشير إلى ضعف الثقة والشك بمقدرته

7- الاضطهاد Oppression وتقيسه الفقرات: 1، 21، 24، 26، 30، 35، 50، 67، 68، ويهتم بالقيود التي يفرضها الوالدان والمجتمع لمنع المراهق من القيام ببعض السلوكيات والديكتوراتية من قبل الوالدين

8- الانحراف Delinquency وتقيسه الفقرات: 14، 17، 18، 19، 28، 34، 48، 51، 52، 55، 62، 68، ويهتم بتعرض المراهق للمشاكل وعدم توافر الرعاية الصحية والانفعالية

9- التصور الذاتي Image وتقيسه الفقرات: 11، 12، 25، 34، 40، 53، 58، 59، ويهتم بتصور الفرد عن ذاته كما يبديها له ويدركها الآخرون مما يشكل مصدرا للإحساس بالأمن والشعور الإيجابي نحو الذات.

الرقم	الفقرة	البعد أو المجال	نعم	أحياناً	لا
-1	يزعجني أن اذهب إلى أي مكان يذهب إليه والدي	الدين	2	1	0
-2	أنا انزعج من كون جيراني مزعجين بحيث يخبرون والدي بكل شيء عني	السلطة	2	1	0
-3	يزعجني أن يتحكم (يقرر) بأموري أناس كثيرون	السلطة	2	1	0
-4	إنني قلق من كوني لا امتلك مهارات أو قدرات تمكنني من كسب عيشي	العمل	2	1	0

0	1	2	العلاقة بين الجنسين	فكرة أن لا يعجبني أحد تقلقني	5-
0	1	2	الأقران	عدم محبة أقراني لي أمر يقلقني	6-
0	1	2	العمل	يقلقني أنني قد لا أعرف ما قد يتوجب عليّ عمله عند ذهابي للعمل	7-
0	1	2	والدين	من الأمور التي تزعجني أن أمي هي التي تقرر أموري بشكل كبير	8-
0	1	2	التمركز حول الذات	إن إحدى مشكلاتي هي شعوري بعدم وضوح أمور حياتي	9-
0	1	2	التمركز حول الذات	إن ما يقلقني هو عدم وجود أي شخص يساعدني في حل مشكلاتي	10-
0	1	2	الأقران	إنني قلق لاعتقادي بأن جميع أصدقائي يمكن إن يتحولوا ضدي	11-
0	1	2	التصور الذاتي	يقلقني أنني لست ذكيا على النحو الذي أريده (أو أصبو إليه)	12-
0	1	2	التمركز حول الذات	إن عدم القدرة على إيجاد معنى للحياة لأمر يقلقني	13-
0	1	2	السلطة	يزعجني أن أحتجز بعد انتهاء الدوام	14-

0	1	2	والدين	إن الـدخول والخـوض في جـدال مـع والـدي يعنـي مشكلة بالنسبة لي	15-
0	1	2	السلطة	إن شـكوى الكبـار وتـذمرهم المسـتمر منـي يعـد مشكلة بالنسبة لي	16-
0	1	2	الانحراف	مـا يزعجني هـو أن اضطر للـذهاب إلى المحكمـة باستمرار بسبب وجود مشكلات	17-
0	1	2	الانحراف	يزعجني أنني كثيرا لا أذهـب إلى المدرسـة مـن دون سبب معقول	18-
0	1	2	السلطة	تدخل المعلمين بشؤوني أمر يزعجني	19-
0	1	2	العلاقة بين الجنسين	من الأمور التي تشـغلني عـدم نمـو جسـمي بشكل سليم	20-
0	1	2	الاضطهاد	إن مكوثي أو بقـائي في البيت لفـترة يمثـل مشكلة بالنسبة لي	21-
0	1	2	الأقران	مـن الأمور التـي تزعجني التفكير بالأسباب التـي تكمن وراء عدم كون الناس أكـثر لطفا في تعـاملهم معي	22-
0	1	2	العمل	حيرتي في ما إذا كنت قادرا عـلى أداء العمـل بشكل جيد عندما ابتدئ به هي أحد متاعبي	23-
0	1	2	الاضطهاد	إحدى مشكلاتي هي أنني أرغب في مغـادرة البيـت، ولكنني لا أستطيع عمل ذلك	24-

205

0	1	2	التصور الذاتي	من الأمور التي تقلقني استغابة الناس لي	25-
0	1	2	الاضطهاد	إن إحدى مشكلاتي هي فقداني للخصوصية في البيت	26-
0	1	2	التمركز حول الذات	إن ما يقلقني هو أنني قد أفقد صوابي ذات يوم	27-
0	1	2	الانحراف	مشكلتي في عدم شعوري بالنظافة بشكل كبير	28-
0	1	2	السلطة	مشكلتي في شعوري بالسأم أو الملل من المدرسة	29-
0	1	2	الاضطهاد	إن عدم السماح لي باختيار أصدقائي مشكلة لي	30-
0	1	2	العمل	من الأمور التي تقلقني إمكانية عدم الحصول على وظيفة عندما أنهي المدرسة	31-
0	1	2	التمركز حول الذات	مشكلتي هي أنه يبدو أن لا أحد يفهمني	32-
0	1	2	والدين	من الأسباب التي تسبب لي مشكلة عدم ثقة والدي بي	33-
0	1	2	الانحراف	إحدى مشكلاتي هي أنني ألفق أكاذيب كثيرة	34-
0	1	2	الاضطهاد	إن عدم السماح لي بالذهاب إلى الأماكن التي أحبها أمر يزعجني	35-

0	1	2	السلطة	أن أكون ملزما بارتداء الزي المدرسي أمر يزعجني	36-
0	1	2	الأقران	مشكلتي في أن الشباب الأقوياء يسخرون مني دائماً	37-
0	1	2	العمل	إحدى المشكلات التي أواجهها عدم حصولي على النصح الكافي لاختيار التخصص الذي يناسبني	38-
0	1	2	العلاقة بين الجنسين	أن أعرف أنني قد وقعت في الحب أم لا أمر يحيرني	39-
0	1	2	التصور الذاتي	ما يقلقني هو أن أعمل من نفسي ـ أضحوكة أمام أصدقائي	40-
0	1	2	العمل	يقلقني التفكير بأنه قد لا أجد وظيفة عندما انهي دراستي	41-
0	1	2	السلطة	تكليفي بأعمال باستمرار يسبب لي مشكلة	42-
0	1	2	التمركز حول الذات	إنني قلق لأن والدي لا يفهماني بشكل جيد	43-
0	1	2	التمركز حول الذات	إحدى مشكلاتي إصابتي بالصداع بشكل متكرر	44-
0	1	2	العلاقة بين الجنسين	يقلقني أن مظهري غير جيد	45-

207

-46	إحدى المشكلات التي أعانيها عدم إعطائي فرصة للتعبير عما يجول في خاطري	السلطة	2	1	0
-47	عدم قدرتي على النوم بشكل جيد أمر يقلقني	التمركز حول الذات	2	1	0
-48	أتضايق من سخرية المعلمين بي	السلطة	2	1	0
-49	عدم قدرتي على التحدث مع والدي من الأمور التي تجعلني مهموما	والدين	2	1	0
-50	من المشكلات التي أعاني منها عدم السماح لي بأن أحضر أصدقاء معينين	الاضطهاد	2	1	0
-51	إن حضور الشرطي إلى بيتنا مرارا مشكلة بالنسبة لي	الانحراف	2	1	0
-52	من الأمور التي تقلقني كثرة تعرضي للحوادث	الانحراف	2	1	0
-53	إن توجيه اللوم لي لأشياء تصدر عني يمثل مشكلة بالنسبة لي	التصور الذاتي	2	1	0
-54	عدم معرفتي بما يجب أن أقوله عندما أكون مع الناس خارجا أمرا يقلقني	العلاقة بين الجنسين	2	1	0
-55	إنني قلق لأن والدتي لا تهتم بي بشكل كاف	الانحراف	2	1	0
-56	إن عدم وجود أصدقاء كثيرين لي أمر يقلقني	الأقران	2	1	0
-57	إن تحكم والدي الزائد بمصيري شيء يزعجني	الدين	2	1	0

58-	أن أجد نفسي في مشكلة ولا أعرف السـبب مشـكلة بالنسبة لي	التصور الذاتي	2	1	0
59-	مـن الأمـور التـي تقلقنـي أن يـورطني الآخـرين في المشاكل	التصور الذاتي	2	1	0
60-	أن لا امتلك النقود الكافية لكي أخـرج مـع أصـدقائي مشكلة	الأقران	2	1	0
61-	يزعجني التفكير بأنني قد لا أجد أبدا شخصـا أرتـاح له	العلاقة بين الجنسين	2	1	0
62-	يزعجني أن أرغم على التخصص في موضـوع دراسي معين	العمل	2	1	0
63-	أن ألزم بالذهاب إلى المدرسة أمر يزعجني	السلطة	2	1	0
64-	إنني قلق من أن لا أحدا يرغب أن أعمل معه	العمل	2	1	0
65-	من الأمور التي تسبب لي القلق عدم معرفتـي مـاذا سأعمل عندما أترك المدرسة	العمل	2	1	0
66-	يزعجني أنه لا يوجد أحد أتحدث معه عن مشكلاتي	التمركز حول الذات	2	1	0
67-	يقلقني أن والدي يعاملني وكأنني ما زلت طفلا	الاضطهاد	2	1	0
68-	من الأمور التـي تزعجنـي أن يتجسـس والـدي عـلي عندما أكون خارج البيت.	الاضطهاد	2	1	0

تصحيح وتفسير المقياس:

نعم درجتان وتعني أن المشكلة تتكرر، أحياناً وتعطى درجة واحدة وتعني أن المشكلة تحدث بعض الوقت، لا وتعطى صفر وتعني أن المشكلة لا توجد إطلاقاً. والعلامة تتراوح ككل بين (0- 136) والمتوسط هو (68) وكلما زادت العلامة عن ذلك دل على وجود مشكلات لدى المراهق، ويجب التعرف على الأبعاد لمعرفة مدى هذه المشكلات حسب الأبعاد التسعة السابقة (المنيزل، 1991).

أربعة عشر: المقياس النفسي لإدمان الانترنت لسيد يوسف

يفيد هذا المقياس في التعرف على مدى إدمان الطلبة للإنترنت، حيث أصبح استعمال الانترنت شائعا في هذه الأيام.

يقدر عدد الذين يعتقد بأن لديهم إدمان ولفظة إدمان هنا غير دقيقة بعدة ملايين على مستوى العالم لاسيما الذين تستهويهم الدردشة chat، أو أولئك الذين تستهويهم الألعاب games، ويعرف إدمان النت بصعوبة الابتعاد عن الانترنت لعدة أيام متتالية ومن ثم لهفة الجلوس عليه والشعور بالحاجة إلى التشبع منه...وهو تعريف فضفاض نسبيا فضلا عن كونه غير كاف.

التعريف الإجرائي:

نستطيع أن نتبنى هذا التعريف "إدمان الانترنت" هو استخدام الفرد للانترنت لفترات طويلة في اليوم الواحد بصورة غير توافقية قد تصل إلى 10 ساعات ينتج عنها مجموعة من الأعراض النفسية كالتوتر والقلق والأرق والعزلة وبعض الاضطرابات السلوكية الأخرى.

الأعراض الشائعة

- الجلوس لفترات طويلة أمام الانترنت يستدل عليها من شكوى المقربين.

- إهمال الواجبات الأسرية والزوجية، والمهنية في بعض الأحوال نتيجة السهر والأرق.

- الشعور بالضيق الشديد عند انفصال النت عن الكمبيوتر سواء بانقطاع التيار الكهربائي أو بغيره.

- وجود حالة من الترقب للجلوس عليه ثانية.

- الشعور بالفشل عن محاولته تقنين الجلوس أمام الانترنت.

- بعض الدراسات تؤكد وجود علاقة بين إدمان الانترنت وبين وجود أعراض القلق والاكتئاب.
- وجود بعض الاضطرابات الجسمية من كثرة الجلوس أمام الانترنت مثل آلام العمود الفقري.
- هناك مؤشرات تربط بين البدانة حيث قلة الحركة وبين إدمان الانترنت.
- الميل إلى العزلة (الانطواء في حالة صغار السن والعزوف عن بعض الأنشطة الاجتماعية سلوك جديد طارئ لم يكن موجودا من قبل.

المقياس النفسي لإدمان الانترنت:

أجب عن الأسئلة التالية بنعم أمام العبارات التي تنطبق عليك وبلا أمام العبارات التي لا تنطبق عليك، وإذا كانت تنطبق عليك عبارة ما في بعض الأحيان - لا غالب الوقت- فأجب "أحياناً".

الرقم	الفقرة	نعم	أحياناً	لا
-1	أجلس أمام الانترنت لفترات طويلة في اليوم الواحد تصل إلى عشر- ساعات أو أكثر	2	1	0
-2	أشعر أن علاقاتي الاجتماعية مع أصحابي ومعارفي أصبحت ضعيفة.	2	1	0
-3	أعتقد أنى مدمن انترنت...أقاربي وأصحابي يقولون ذلك عنى.	2	1	0
-4	التفكير في الانترنت قليلا ما يفارق خيالي حين أتواجد في عملي أو بين أصحابي وأهلي.	2	1	0

-5	يصيبني الإجهاد والتعب في يـدي أو في ظهـري مـن كـثرة الجلـوس أمام الكمبيوتر.	2	1	0
-6	أشعر بالرغبـة في الحـديث عـن مغـامراتي في الانترنـت مـع معـارفي وأصدقائي.	2	1	0
-7	تتملكني الرغبة حين أغلق الكمبيوتر بالعودة إليه بعد قليل.	2	1	0
-8	أشعر أني أجد احتراما واهتمامـا عـلى شـبكة الانترنـت أكـثر مـما في غيره.	2	1	0
-9	جلوسي على الانترنت يؤخرني دوما عن مواعيـد الغـداء والعشـاء أو لقيا الأصحاب أو النوم.	2	1	0
-10	غلق جهاز الكمبيوتر هو ما افعله قبل النوم، وفتح الجهاز هو أول شيء أفعله بعد الاستيقاظ.	2	1	0
-11	أشعر من كثرة جلوسي أمام الكمبيوتر أن حيـاتي المهنيـة الاسـتذكار بالنسبة للطلاب متعثرة.	2	1	0
-12	أستمر في الجلوس أمام الانترنت حتى لو شعرت بـبعض التعـب، أو النعاس.	2	1	0
-13	أشعر بالندم حين أجلس لفترات طويلة أمام الانترنت.	2	1	0
-14	جلوسي طويلا أمام الانترنت أصابني بالكسل.	2	1	0
-15	ينتابني ضيق شديد عند انقطاع النت عنى لسبب ما من الأسباب.	2	1	0

تصحيح وتفسير النتائج:

أعط نفسك درجتين على كل إجابة ب (نعم) ودرجة واحدة على كل إجابة ب (أحياناً) وصفر على كل إجابة ب (لا) ثم أحسب درجاتك ثم انظر

- الدرجات من 21 إلى 30 تعني أن لديك درجة مرتفعة من أعراض إدمان الانترنت والتي تستلزم تدخلا إرشاديا لدى متخصصين في الإرشاد النفسي.

- الدرجات من 16 إلى 20 تعني أن لديك درجة متوسطة من تلك الأعراض ويمكنك التغلب على تلك الأعراض ببعض السيطرة على النفس.

- الدرجات الأقل من 15 تعني أنك لا تعاني من تلك الأعراض بدرجة معوقة. (يوسف، إدمان الإنترنت - الشبكة العنكبوتية)

خمسة عشر: مقياس الخجل

يتعرف هذا المقياس ومقياس الخجل المعدل على مدى توفر صفة الخجل وضعف توكيد الذات لدى الطلبة، والتي تنعكس على العلاقات الاجتماعية والشخصية والأكاديمية بشكل عام.

يعرف زيمباردو الخجل بأنه: معاناة للذات لدى الأفراد، وهو خبرة عامة يصاحبها اضطراب أو خلل وظيفي وأفكار مضطربة ومزعجة (Zimbardo,1986) ويعرفه بص (Buss,1980) بأنه الاستجابة في وجود غرباء أو تطلع الآخرين مما يصيب الفرد بالتوتر والاهتمام أو مشاعر الحرج وعدم الراحة وكف السلوك الاجتماعي السوي المتوقع.

مقياس الخجل **CBSS**

إعداد: شيك وباص **Cheak& Buss**

تعريب : بدر محمد الأنصاري

تعليمات: اقرأ عبارة وقرر درجة انطباقها عليك حيث أن كل منا لديه درجة من السلوك قد تكون كبيرة أو قليلة.

الرقم	الفقرة	أبداً	قليلاً	توسط	كثيراً	دائماً
1-	إنني غير اجتماعي الأمر الذي يلزم تكوين علاقات حديثة بالآخرين	1	2	3	4	5
2-	لا أجد صعوبة في مبادرة الحديث مع الغرباء من الناس	5	4	3	2	1
3-	أشعر بالتوتر حينما أتواجد في مجموعة من الناس لا أعرفهم	1	2	3	4	5

5	4	3	2	1	ينتابني الشعور بالقلق أثناء المحادثة خشية من قول شيء يدل على الغباء	4-
5	4	3	2	1	أشعر بالقلق عندما أتحدث إلى شخص ذي سلطة أو نفوذ	5-
5	4	3	2	1	ينتابني الشعور بعدم الراحة والضيق في الحفلات والنوادي الاجتماعية الأخرى	6-
5	4	3	2	1	أشعر بأنني مقمع أو مكبت في المواقف والنواحي الاجتماعية	7-
5	4	3	2	1	أشعر بصعوبة النظر أو التحديق في مرمى بصر شخص ما	8-
5	4	3	2	1	إنني أكثر خجلا مع أفراد الجنس الآخر عن أفراد جنسي	9-

الأنصاري(2002).

تصحيح وتفسير المقياس:

يحتوي مقياس الخجل على 9 بنود، وتتراوح الدرجة بين (9-45)، ويتم تصحيح المقياس بأن تجمع تقديرات العبارات مع بعضها للحصول على درجة كلية، ويمكن أن تتفاوت الدرجة الكلية على المقياس بأكمله من 9 درجات (الحد الأدنى) إلى 45 درجة (الحد الأقصى) وتعكس الدرجة العالية للمقياس الخجل المرتفع على حين تعكس الدرجة المنخفضة الخجل المنخفض.

ستة عشر: مقياس الخجل المعدل (CMSS)

مقياس الخجل المعدل : إعداد شيك وميلشاير Check& Melchior

تعريف: لؤلؤة حمادة وحسن عبد اللطيف، إعداد بدر محمد الأنصاري للبيئة الكويتية

دائماً	كثيراً	متوسط	قليلا	أبداً	العبارة	الرقم
5	4	3	2	1	أشعر بـالتوتر عنـدما أكـون مـع أنـاس لا أعرفهم جيداً	1-
5	4	3	2	1	أتجنب الحديث مع الغرباء خشية أن أقول شيء يدل على الغباء	2-
5	4	3	2	1	إنني غير لبق أثناء التحدث مع الآخرين	3-
5	4	3	2	1	أجـد صـعوبة في طلـب المسـاعدة مـن الآخرين	4-
1	2	3	4	5	أشـعر بالراحـة في الحفـلات أو اللقـاءات الاجتماعية	5-
5	4	3	2	1	أجد صعوبة في التفكير في الأشياء المناسبة عندما أكون وسط جماعة من الأفراد	6-
5	4	3	2	1	من الصعب علي أن أتصرف بشكل طبيعـي عندما أقابل أناس لأول مرة	7-
5	4	3	2	1	أشعر بالخجل عندما أكون بـين أشخاص لا أعرفهم	8-
1	2	3	4	5	أشـعر بالثقة في قدرتي علـى التعامـل مـع الآخرين	9-

5	4	3	2	1	أشعر بالتوتر عندما أتحـدث إلى شخص في مركز السلطة	10-
1	2	3	4	5	أجد صعوبة في النظر أو التحديق في مرمى بصر شخص ما	11-
5	4	3	2	1	أبادر بالحديث مع الآخرين	12-
5	4	3	2	1	لدي شكوك في رغبة الآخرين في مصاحبتي أو مجاراتي	13-
5	4	3	2	1	أشعر بالارتباك عندما يقدمني أحد لأناس جدد	14-
5	4	3	2	1	أجد صعوبة في التحدث مع الغرباء	15-
5	4	3	2	1	أتجنب الاختلاط بمعارف جدد خشية عـدم الانسجام معهم	16-
5	4	3	2	1	اشـعر بالخجـل عنـد مقابلـة أحـد أفراد الجنس الآخر	17-
5	4	3	2	1	أشعر بعد الارتياح في اللقاءات الاجتماعية	18-

(الأنصاري، 2002)

تصحيح وتفسير المقياس:

يتكون المقياس من 18 بندا، ومن هنا يمكن استخراج الدرجة الكلية التي حصل عليها المفحوص بجمع تقديرات العبارات مع بعضها البعض، ويمكن أن تتفاوت درجات المقياس بأكمله من 18 درجة الحد الأدنى إلى 90 درجة الحد الأعلى وتعكس الدرجة المرتفعة للمقياس الخجل المرتفع فيما تعكس الدرجة المنخفضة الخجل المنخفض.

سبعة عشر: اختبار الأفكار العقلانية واللاعقلانية

يهتم هذا الاختبار بالتعرف على الأفكار العقلانية واللاعقلانية التي يحملها الطلبة، وينطلق هذا المقياس من فكر أليس بأن هناك 13 فكرة خاطئة قد يحملها الناس، وعلى المرشد اكتشاف الأفكار من أجل تغييرها، وبالتالي سيؤدي تغيير الأفكار إلى تغيير السلوكيات والمشاعر التي يحملها الطلبة.

يرى أليس (Ellis, 1962) أن التفكير اللاعقلاني يقود إلى سوء التوافق الفعال ويعتبر أن الفرد بإمكانه أن يخلص نفسه من تعاسته أو اضطرابه الانفعالي أو العقلي إذا تعلم أن يرتقي بتفكيره العقلاني إلى الحد الأعلى.

أخي/ أختي الطالب...........

بين يديك قائمة تحتوي على مجموعة من العبارات (X)جمل التي تعبر عن أفكار ومبادئ واتجاهات يؤمن بها البعض أو يرفضها بشكل مطلق. أرجو قراءة كل من تلك العبارات ووضع إشارة (✘) في المكان المناسب في ورقة الإجابة الذي يعبر عن موقفك من كل منها. راجياً التكرم بالإجابة على جميع العبارات بكل الصراحة والصدق الممكنين.

أرجو التأكد من الإجابة على جميع العبارات دون استثناء، ولك خالص الشكر والتقدير.

لا	نعم	الفقرة	الرقم
1	2	لا أتردد أبداً بالتضحية بمصالحي ورغباتي في سبيل رضا وحب الآخرين.	1-
1	2	أؤمن بأن كل شخص يجب أن يسعى دائماً لتحقيق أهدافه بأقصى ما يمكن من الكمال.	2-

219

3-	أفضل السعي وراء إصلاح المسيئين بدلاً من معاقبتهم أو لومهم.	1	2
4-	لا أستطيع أن أقبل نتائج أعمال تأتي على غير ما أتوقع.	2	1
5-	أؤمن بأن كل شخص قادر على تحقيق سعادته بنفسه.	1	2
6-	يجب أن لا يشغل الشخص نفسه في التفكير بإمكانية حدوث الكوارث والمخاطر.	1	2
7-	أفضل تجنب الصعوبات بدلاً من مواجهتها.	2	1
8-	من المؤسف أن يكون الإنسان تابعاً للآخرين ومعتمداً عليهم.	1	2
9-	أؤمن بأن ماضي الإنسان يقرر سلوكه في الحاضر والمستقبل.	2	1
10-	يجب أن لا يسمح الشخص لمشكلات الآخرين أن تمنعه من الشعور بالسعادة.	1	2
11-	أعتقد أن هناك حل مثالي لكل مشكلة لا بد من الوصول إليه.	2	1
12-	إن الشخص الذي لا يكون جدياً ورسمياً في تعامله مع الآخرين لا يستحق احترامهم.	2	1
13-	أعتقد أنه من الحكمة أن يتعامل الرجل مع المرأة على أساس المساواة.	1	2
14-	يزعجني أن يصدر عني أي سلوك يجعلني غير مقبول من قبل الآخرين.	2	1
15-	أؤمن بأن قيمة الفرد ترتبط بمقدار ما ينجز من أعمال حتى وإن لم تتصف بالكمال.	1	2
16-	أفضل الامتناع عن معاقبة مرتكبي الأعمال الشريرة حتى أتبين الأسباب.	1	2

-17	أتخوف دائماً من أن تسير الأمور على غير ما أريد.	2	1
-18	أؤمن بأن أفكار الفرد وفلسفته في الحياة تلعب دوراً كبيراً في شعوره بالسعادة أو التعاسة.	1	2
-19	أؤمن بأن الخوف من إمكانية حدوث أمر مكروه لا يقلل من احتمال حدوثه.	1	2
-20	أعتقد أن السعادة هي في الحياة السهلة التي تخلو من تحمل المسؤولية ومواجهة الصعوبات.	2	1
-21	أفضل الاعتماد على نفسي في كثير من الأمور رغم إمكانية الفشل فيها.	1	2
-22	لا يمكن للفرد أن يتخلص من تأثير الماضي حتى وإن حاول ذلك.	2	1
-23	من غير الحق أن يحرم الفرد نفسه من السعادة إذا شعر بأنه غير قادر على إسعاد غيره ممن يعانون الشقاء.	1	2
-24	أشعر باضطراب شديد حين أفشل في إيجاد الحل الذي أعتبره حلاً مثالياً لما أواجه من مشكلات.	2	1
-25	يفقد الفرد هيبته واحترام الناس له إذا أكثر من المرح والمزاح.	1	2
-26	إن تعامل الرجل مع المرأة من منطلق تفوقه عليها يضر في العلاقة التي يجب أن تقوم بينهما.	1	2
-27	أؤمن بأن رضا جميع الناس غاية لا تدرك.	1	2
-28	أشعر بأن لا قيمة لي إذا لم أنجز الأعمال الموكلة إلي بشكل يتصف بالكمال مهما كانت الظروف.	2	1
-29	بعض الناس مجبولون على الشر والخسة والنذالة ومن الواجب الابتعاد عنهم واحتقارهم.	2	1

-30	يجب أن يقبل الإنسان بالأمر الواقع إذا لم يكن قادراً على تغييره.	1	2
-31	أؤمن بأن الحظ يلعب دوراً كبيراً في مشكلات الناس وتعاستهم.	2	1
-32	يجب أن يكون الشخص حذراً ويقظاً من إمكانية حدوث المخاطر.	2	1
-33	أؤمن بضرورة مواجهة الصعوبات بكل ما أستطيع بدلاً من تجنبها والابتعاد عنها.	1	2
-34	لا يمكن أن أتصور نفسي دون مساعدة من هم أقوى مني.	2	1
-35	أرفض أن أكون خاضعاً لتأثير الماضي.	1	2
-36	غالباً ما تؤرقني مشكلات الآخرين وتحرمني من الشعور بالسعادة.	2	1
-37	من العبث أن يصر الفرد على إيجاد ما يعتبره الحل المثالي لما يواجهه من مشكلات.	1	2
-38	لا أعتقد أن ميل الفرد للمداعبة والمزاح يقلل من احترام الناس له.	1	2
-39	أرفض التعامل مع الجنس الآخر على أساس المساواة.	2	1
-40	أفضل التمسك بأفكاري ورغباتي الشخصية حتى وإن كانت سبباً في رفض الآخرين لي.	2	1
-41	أؤمن أن عدم قدرة الفرد على الوصول إلى الكمال فيما يعمل لا يقلل من قيمته.	1	2
-42	لا أتردد في لوم وعقاب من يؤذي الآخرين ويسيء إليهم.	2	1
-43	أؤمن بأن ما كل ما يتمنى المرء يدركه.	2	1
-44	أؤمن بأن الظروف الخارجة عن إرادة الإنسان غالباً ما تقف ضد تحقيقه لسعادته.	2	1

-45	ينتابني خوف شديد من مجرد التفكير بإمكانية وقوع الحوادث والكوارث.	2	1
-46	يسرني أن أواجه بعض المصاعب والمسؤوليات التي تشعرني بالتحدي.	1	2
-47	أشعر بالضعف حين أكون وحيداً في مواجهة مسؤولياتي.	2	1
-48	أعتقد أن الإلحاح على التمسك بالماضي هو عذر يستخدمه البعض لتبرير عدم قدرتهم على التغيير.	1	2
-49	من غير الحق أن يسعد الشخص وهو يرى غيره يتعذب.	2	1
-50	من المنطق أن يفكر الفرد في أكثر من حل لمشكلاته وأن يقبل بما هو عملي وممكن بدلاً من الإصرار على البحث عما يعتبره حلاً مثالياً.	1	2
-51	أؤمن بأن الشخص المنطقي بجب أن يتصرف بعفوية بدلاً من أن يقيد نفسه بالرسمية والجدية.	1	2
-52	من العيب على الرجل أن يكون تابعاً للمرأة.	2	1

تصحيح المقياس وتفسير النتائج:

- عدد فقرات المقياس (52) فقرة.
- العلامة الكلية على المقياس تتراوح بين (52 – 104):

الحد الأدنى (52) تعبر عن رفض الطالب لجميع الأفكار اللاعقلانية التي يمثلها المقياس أو تعبر عن درجة عليا من التفكير العقلي.

الحد الأعلى (104) وهي تعبر عن قبول الطالب لجميع الأفكار اللاعقلانية التي يمثلها المقياس أو تعبر عن درجة عليا من التفكير اللاعقلاني.

- العلامة الكلية دون الـ (65) درجة عليا في العقلانية.

- (78) خط النمط العام للعقلانية.

- العلامات الفرعية على المقياس عددها (12) علامة، وهي تقيس أبعاد الاختبار الثلاثة عشر.

- تتراوح العلامة على كل بعد بين (4 - 8) علامات:

  الحد الأدنى (4) تعبر عن درجة عليا من التفكير العقلي.

  الحد الأعلى (8) تعبر عن درجة عليا من التفكير اللاعقلي.

- العلامة الفرعية من (7 - 8) لاعقلانية - من (4 - 5) أميل إلى العقلانية. (6) فما فوق التأرجح بين العقلانية واللاعقلانية.

- العلامة الفرعية يتم الحصول عليها بجمع أربع فقرات موضوعة بشكل عمودي في ورقة الإجابة.

مثال:

الفقرات الثلاثة عشر والفقرات التي تقيسها كل فكرة:

1- من الضروري أن يكون الشخص محبوباً أو مقبولاً من كل فرد من أفراد بيئته المحلية. الفقرات التي تقيسها (1، 14، 27، 40).

2- يجب أن يكون الفرد فعالاً ومنجزاً بشكل يتصف بالكمال حتى تكون له قيمة. الفقرات التي تقيسها (2، 15، 28، 41).

3- بعض الناس سيئون وشريرون وعلى درجة عالية من الخسة والنذالة ولذا يجب أن يلاموا ويعاقبوا. الفقرات التي تقيسها (13، 16، 29، 42).

4- أنه لمن المصيبة الفادحة أن تأتي الأمور على غير ما يتمنى الفرد. الفقرات التي تقيسها (4، 17، 30، 43).

5- تنشأ تعاسة الفرد عن ظروف خارجية، لا يستطيع السيطرة عليها أو التحكم بها. الفقرات التي تقيسها (5، 18، 31، 44).

6- الأشياء المخيفة أو الخطرة تستدعي الاهتمام الكبير والانشغال الدائم في التفكير بها وبالتالي فإن احتمال حدوثها يجب أن يشغل الفرد بشكل دائم. الفقرات التي تقيسها (6، 19، 32، 45).

7- من السهل أن نتجنب بعض الصعوبات والمسؤوليات بدلاً من أن نواجهها. الفقرات التي تقيسها (7، 20، 33، 46).

8- يجب أن يكون الشخص معتمداً على الآخرين، ويجب أن يكون هناك من هو أقوى منه لكي يعتمد عليه. الفقرات التي تقيسها (8، 21، 34، 47).

9- إن الخبرات والأحداث الماضية تقرر السلوك الحاضر، وإن تأثير الماضي لا يمكن تجاهله أو محوه. الفقرات التي تقيسها (9، 22، 35، 48).

10- ينبغي أن ينزعج الفرد أو يحزن لما يصيب الآخرين من مشكلات واضطرابات. الفقرات التي تقيسها (10، 23، 36، 49).

11- هناك دائماً حل مثالي وصحيح لكل مشكلة وهذا الحل لابد من إيجاده وإلا فالنتيجة تكون مفجعة. الفقرات التي تقيسها (11، 24، 37، 50).

12- ينبغي أن يتسم الشخص بالرسمية والجدية في تعامله مع الآخرين حتى تكون له قيمة أو مكانة محترمة بين الناس. الفقرات التي تقيسها (12، 25، 38، 51).

13- لا شك في أن مكانة الرجل هي الأهم فيما يتعلق بعلاقته مع المرأة.الفقرات التي تقيسها (13، 26، 39، 52).

المقياس يطبق على الطلبة من الصف الثامن فما فوق.(الريحاني، 1985)

ورقة الإجابة على اختبار الأفكار العقلانية واللاعقلانية

أخي/ أختي الطالب.............الرجاء وضع إشارة (✘) في المكان المناسب.

الاسم: .... الصف: .... الشعبة: ....

أرجو التأكد من الإجابة على جميع العبارات دون استثناء. حسب البعد حيث أن كل سطر
يمثل مجموع علامات البعد:

	1	2	3	4	5	6	7	8	9	10	11	12	13
نعم													
لا													
	14	15	16	17	18	19	20	21	22	23	24	25	26
نعم													
لا													
	27	28	29	30	31	32	33	34	35	36	37	38	39
نعم													
لا													
	40	41	42	43	44	45	46	47	48	49	50	51	52
نعم													
لا													
مجموع العلامات													

ثمانية عشر: قائمة مؤشرات الإهمال

عزيزي الطالب:

أمامكَ مجموعة من فقرات لقائمة مؤشرات الإهمال والتي تعبر عن درجة تعرضك للإهمال من قِبَل الوالدين، والمطلوب منكم قراءة كل فقرة من فقرات هذا المقياس بوضوح، وضع الإجابة عن كل فقرة بوضع إشارة (✖) بجانب كل فقرة لمعرفة درجة تعرضكم للإهمال في كل جانب من أبعاد القائمة التالية:

أبداً	قليلاً	أحياناً	معظم الوقت	دائماً	الفقرات	الرقم
1	2	3	4	5	مظهري الخارجي لا يهم أفراد أسرتي	1-
1	2	3	4	5	يرفض أفراد أسرتي معالجتي إذا مرضت	2-
1	2	3	4	5	لا يلبي والداي جميع احتياجاتي	3-
1	2	3	4	5	أشعر بأنني غير مقبول في الأسرة	4-
1	2	3	4	5	لا يتابع أفراد أسرتي شؤوني الدراسية	5-
1	2	3	4	5	أفراد أسرتي لا يتحدث معي كثيرا	6-
1	2	3	4	5	تعامل أسرتي جميع أفرادها بطريقة أفضل من طريقة تعاملها معي	7-
1	2	3	4	5	مصروفي اقل من أخوتي	8-
1	2	3	4	5	والداي لا يهتمون بي أذا مرضت	9-
1	2	3	4	5	لا يحـرص أفـراد أسرتي عـلى شراء الملابـس الجديدة لي	10-

1	2	3	4	5	لا يوفر أفراد أسرتي الغذاء المناسب لي	11-
1	2	3	4	5	لا يلتـزم والـداي بتعلـيمات الطبيـب عنـدا تقديم الدواء لي	12-
1	2	3	4	5	لا تهتم أسرتي بنظافة ملابسي وجسمي	13-
1	2	3	4	5	يمنعنـي أفــراد أســرتي مــن المشــاركة بالنشاطات الاجتماعية والترويحية	14-
1	2	3	4	5	لا تهتم أسرتي بمساعدتي عندما أكون بحاجة للمساعدة	15-
1	2	3	4	5	لا يهتـم والـداي بنوعيـة الأصـدقاء الـذين أتعامل معهم.	16-
1	2	3	4	5	لا يحـرص أبـي وأمـي عـلى زيـارة مدرسـتي للاستفسار عن أحوالي فيها.	17-
1	2	3	4	5	معلموا مدرستي لا يسـمحون لي بالمشاركة كبقية زملائي	18-
1	2	3	4	5	يميز معلمو مدرستي بيني وبين الطلبة	19-
1	2	3	4	5	لا يشجعني معلمـو مدرسـتي عـلى إقامـة علاقات اجتماعية مع الآخرين	20-
1	2	3	4	5	لا ينظر لي زملائي أثناء حديثي	21-
1	2	3	4	5	لا يرغب زملائي في الجلوس والحديث معي	22-

1	2	3	4	5	لا يميل أصدقائي لمشاركتي بألعابي	23-
1	2	3	4	5	لا يهتم المعلمون بي كبقية الطلبة	24-
1	2	3	4	5	إن زملائي لا يستمعون لوجهة نظري	25-
1	2	3	4	5	لا يقـدم زمـلائي لي الـدعم عنـدما أكـون متضايقا أو منزعجاً	26-
1	2	3	4	5	أشعر أن أفراد أسرتي لا يحبوني	27-
1	2	3	4	5	لدي مخاوف وقلق من أمور عده	28-
1	2	3	4	5	اشعر أنني مكروه من الآخرين	29-
1	2	3	4	5	أقوم بالاعتداء على الآخرين لإشباع رغبـاتي وحاجاتي غير المشبعة	30-
1	2	3	4	5	لا استطيع أن اعبر عن مشاعري	31-
1	2	3	4	5	اشعر بالوحدة على الرغم من وجود أخوتي ورفاقي	32-
1	2	3	4	5	لا أثـق بـالآخرين لأنهـم مهملـين لي بشكل عام	33-
1	2	3	4	5	لا أثـق لا بنفسي ـ فألجـا إلـى الآخرين لمساعدتي	34-
1	2	3	4	5	أنا شخص لا قيمه له في الحياة	35-
1	2	3	4	5	اشعر أنني شخص لا أهميه له في الحياة	36-

طريقة التصحيح والتفسير للمقياس:

عدد فقرات المقياس هي (36) وتتراوح بين (36-180) والمتوسط هو (108) وكلما اقتربت العلامة من المتوسط دل على تعرض الفرد للإهمال من قبل الآخرين. (العبيسات، 2009)

تسعة عشر: مقياس اضطرابات التصرف

عزيزي المعلم .... المحترم

أرجو تطبيق فقرات المقياس التالي على الطالب : .... وهي تتعلق بمدى وجود مشكلات سلوكية لديه، وأرجو مراعاة الدقة عند اختيار الإجابة الصحيحة، علما أن هذا المقياس سيستخدم لأغراض البحث العلمي فقط.

إطلاقاً	نادراً	أحياناً	غالباً	دائماً	الفقرة	الرقم
1	2	3	4	5	يهدد الطلبة الآخرين	1-
1	2	3	4	5	يصرخ على الطلبة الآخرين	2-
1	2	3	4	5	يستخدم أدوات حادة عند اعتدائه على زملائه	3-
1	2	3	4	5	يؤذي الآخرين بالضرب أو الركل أو القرص أو العض مثلا	4-
1	2	3	4	5	يقسو على الحيوانات الأليفة	5-
1	2	3	4	5	يكذب على الآخرين أثناء الحديث معهم	6-
1	2	3	4	5	يأخذ ممتلكات الآخرين بدون استئذان	7-
1	2	3	4	5	يحتفظ بالعادة بأدوات حادة في حقيبته	8-
1	2	3	4	5	يتحدث بألفاظ بذيئة جنسية	9-
1	2	3	4	5	يعمل على إقامة علاقات جنسية مع زملائه من نفس الجنس	10-

1	2	3	4	5	يتحرش بالآخرين من الجنس الآخر	11-
1	2	3	4	5	يعمل على إتلاف ممتلكات المدرسة	12-
1	2	3	4	5	يحاول اللجوء إلى إشعال الحرائق	13-
1	2	3	4	5	يعمـــل عـــلى كســـر أدوات الآخـــرين وممتلكاتهم	14-
1	2	3	4	5	يعمل على خداع الآخرين للحصول عـلى طلباته المختلفة	15-
1	2	3	4	5	يتأخر عن الحضور للمدرسة صباحا	16-
1	2	3	4	5	يهرب قبل انتهاء الدوام المدرسي	17-
1	2	3	4	5	يغيب عن المدرسة بكثرة	18-
1	2	3	4	5	يرفض أوامر المعلمين وتعليماته	19-
1	2	3	4	5	يتذمر بشدة ولأتفه الأسباب	20-

مأخوذة من تشخيص (DSM4) للاضطرابات النفسية.

طريقة التصحيح والتفسير:

عدد فقرات المقياس هو (20) وتتراوح الدرجة بين (0- 80) والمتوسط هو (40) وكلما زادت العلامة عن المتوسط دل على وجود اضطرابات تصرف لدى الطفل.

عشرون: مقياس التحرش الجنسي الواقع عليك من قبل الآخرين

هذا المقياس صمم لقياس المضايقات الجنسية في الأماكن العامة وهي ليست اختبار لذلك لا يوجد إجابات صح أو خطأ، اجب عن كل الفقرات بحرص ودقة في المكان الفارغ،

1: ولا وقت من الأوقات
2: نادراً جدا
3: قليلا من الوقت
4: بعض الوقت
5: جزء مقبول أكثر من الوقت
6: معظم الوقت
7: كل الوقت

الرقم	الفقرة	الدرجة
1-	شخص ما في حياتي يخبرني بنكت جنسية صريحة	
2-	شخص ما في حياتي يصف لي الجنس باستخدام مصطلحات جنسية	
3-	شخص ما في حياتي يبتكر إشاعات هجومية تتعلق بالسلوك الجنسي لي	
4-	شخص ما في حياتي يستخدم أسئلة دقيقة لتصفني أو تصف سلوك زملائي الجنسي	
5-	شخص ما في حياتي يكرر سؤالي لطلب موعد غرامي	
6-	شخص ما في حياتي يطلب مني مقابلة لنيل الاستحسان الجنسي	
7-	شخص ما في حياتي يتصل هاتفيا بي للحديث بكلام جنسي	
8-	شخص ما في حياتي يفاوضني على تقديم مكافأة مقابل التعاطف الجنسي	

-9	شخص ما في حياتي يطلب الاستحسان الجنسي مني للحفاظ على علاقتي معه بشكل آمن	
-10	شخص ما في حياتي يظهر صور جنسية واضحة لي	
-11	شخص ما في حياتي يكتب أو يرسم قضايا جنسية واضحة تظهر في العلاقات الحميمة فقط	
-12	شخص ما في حياتي يظهر أفلام خلاعة لي	
-13	شخص ما في حياتي يرسل لي رسائل جنسية واضحة وكروت	
-14	شخص ما في حياتي يستخدم إشارات أو إيماءات جنسية معي	
-15	شخص ما في حياتي يسير بطريقة ملفتة أمامي ليعمل علاقة شخصية معي	
-16	شخص ما في حياتي يغلق أمامي الطريق ليتمكن من الاتصال الجنسي بي	
-17	شخص ما في حياتي يلمس ذاته جنسيا في وجودي وأمامي	
-18	شخص ما في حياتي يلمسني في طريقة جنسية قاسية	
-19	شخص ما في حياتي يبدأ نشاطات جنسية غير مرحب بها معي	
-20	شخص ما في حياتي يخلع ملابسه الداخلية أمامي	

من ترجمة المؤلف.

طريقة التصحيح والتفسير:

اجمع الدرجات وهي بحد أعلى عدد الفقرات مضروبا في سبعة وتساوي 140، ولتعرف هل تتعرض للتحرش الجنسي من الآخرين.

واحد وعشرون: مدى استعداد الأبناء للإصابة بالاضطرابات

تعليمات: فيما يلي مجموعة من البنود عليك قراءتها بتركيز، وإن كان البند ينطبق عليك أو على أحد أبنائك فضع علامة تحت الاختبار (نعم) وإن كان ينطبق عليك أو على أحد أبنائك إلى حد ما فضع علامة تحت الاختبار (أحياناً) وإن لم يكن ينطبق عليك أو على أحد من أبنائك فضع علامة تحت الاختبار 0 لا)

الرقم	الفقرة	نعم	أحياناً	لا
-1	هل تقوم بالاستجابة لكل مطالب الطفـل في فـترة وفي فـترة أخـرى تمنعها	2	1	0
-2	هل تعود طفلك على الاعتمادية الزائدة	2	1	0
-3	هل تحرم طفلك من تأكيده لذاته	2	1	0
-4	هل يعاني طفلك من ضعف عقلي أو قصور في الفهم أو الإدراك	2	1	0
-5	هل تقوم بتدعيم العناد صغيرا وتعاقبه كبيرا	2	1	0
-6	هل تقوم بالكذب أمام الأبناء	2	1	0
-7	هل تهمل ابنك ولا تهتم به	2	1	0
-8	هل يوجد عند ابنك رغبات للانتقام	2	1	0
-9	هل يوجد عند ابنك نزعات كراهية لغيره	2	1	0
-10	هل العلاقة متوترة بينك وبين ابنك	2	1	0
-11	هل يشعر ابنك بالنقص	2	1	0
-12	هل ابنك يقوم بالضرب أو استعمال العنف مع الآخرين	2	1	0
-13	هل يقوم ابنك بالسبب أو التلفظ بألفاظ سيئة لمن حوله	2	1	0

-14	هل ابنك يقوم بأفعال يقصد بها إحداث الألم لنفسه	2	1	0
-15	هل ابنك يقوم بأعمال تخريبية في أدواته الشخصية	2	1	0
-16	هل ابنك يقوم بأعمال تخريبية في المنزل والأدوات المنزلية	2	1	0
-17	هل ابنك يقوم بأعمال تخريبية في الممتلكات العامة	2	1	0
-18	هل أنت ممن يخاف من أشياء معينة كالفأر والظلام	2	1	0
-19	هل يحدث تشاجر بين الكبار وبخاصة الوالدين أمام الأبناء	2	1	0
-20	هل تدفع الطفل لعمل معين بالرغم منه	2	1	0
-21	هل تجعل الطفل موضع تسلية	2	1	0
-22	هل تقوم بتخويف الأبناء بأشياء مؤلمة في ذهنه كالحقنة	2	1	0
-23	هل تقوم بالتفرقة في المعاملة بين الإخوة والأخوات	2	1	0
-24	هل تجاهلت أحد الأطفال عند ميلاد طفل جديد	2	1	0
-25	هل تهتم الأم بالأب أمام الطفل مع عدم الاعتناء بالطفل	2	1	0
-26	هل يتم التفضيل بين الجنسين الذكور والإناث	2	1	0
-27	هل كان يوجد لدى الأبوي أو احدهما نشاط زائد في الطفولة	2	1	0
-28	هل يوجد خلل في المخ عند الطفل أو نقص في نضج الفص الجبهي	2	1	0
-29	هل يوجد عند أحد الأبناء عدم تناسق بين نصفي كرة المخ الأيمن والأيسر	2	1	0
-30	هل لا يوجد استقرار أسري أو اجتماعي	2	1	0
-31	هل يوجد عند ابنك استعداد عدواني	2	1	0

-32	هل يوجد تساهل من قبل الوالدين في كل الأمور	2	1	0
-33	هل يوجد قسوة مفرطة مما يدفع الطفل للعناد	2	1	0
-34	هل يوجد عدم ثبات في أسلوب التربية	2	1	0
-35	هل الأبوان متوتران أو يوجد صراع أسري	2	1	0
-36	هل طفلك موهوب ولا يجد ما يشبع موهبته	2	1	0
-37	هل يعاني طفلك من التعب أو المرض أو الجوع أو الضيق	2	1	0
-38	هل تشعر طفلك دائماً بالخيبة والتقصير	2	1	0
-39	هل تحدث الغيرة بين ابنك وإخوته	2	1	0
-40	هل تتذبذب في الاستجابة لرغبات طفلك	2	1	0
-41	هل ابنك يعاني من أمراض عضوية مثل الصراع أو الفرط الحركي	2	1	0
-42	هل ابنك لا يمارس أنشطة ترفيهية أو رياضية	2	1	0
-43	هل تقوم بمواقف غير عادلة بين الأبناء	2	1	0
-44	هل يشعر الأبناء بفقد الحنان والرعاية	2	1	0
-45	هل توجد نماذج سيئة في حياة الأبناء يتم الاقتداء بها	2	1	0
-46	هل يوجد عند الأبناء نزعة شديدة للتملك	2	1	0
-47	هل يشعر الأبناء بالنقص من حيث المستوى الاقتصادي أو الاجتماعي	2	1	0
-48	هل توجد توترات داخلية عند الأبناء	2	1	0
-49	هل اعتاد الأبناء على أخذ ما يشاءون في أي وقت	2	1	0

-50	هل يبتع الأبناء السلوكيات السيئة في الإعلام والشارع	2	1	0
-51	هل يوجد تمرد عند الأبناء على إتباع النظام	2	1	0
-52	هل يوجد صراعات بين الآباء وبين الأخوة الكبار	2	1	0
-53	هل يقوم الأبناء بمشاهدة الدراما المرعبة	2	1	0
-54	هل يعاني الأبناء من الخوف الشديد من الآباء	2	1	0
-55	هل تقوم بإقحام عقل الطفل بالمعلومات	2	1	0
-56	هل يقوم الآباء بتهديد الأبناء بشكل دائم	2	1	0
-57	هل يتناول الأبناء وجبات ثقيلة قبل النوم	2	1	0
-58	هل تقوم بكثير من الأوامر والنواهي أثناء الطعام	2	1	0
-59	هل تشعر بالقلق المبالغ فيه على الأبناء	2	1	0
-60	هل يتناول الأبناء الحلوى قبل الوجبات	2	1	0
-61	هل يوجد عدم انتظام في مواعيد الوجبات في المنزل	2	1	0
-62	هل يأكل الأبناء وجبات لا تتفق مع حاجاتهم	2	1	0
-63	هل يعاني الأبناء من خمول وعدم ممارسة الرياضة	2	1	0
-64	هل يوجد خلل في الهرمونات الجنسية عند الأبناء	2	1	0
-65	هل تقوم بالتعلم الخاطئ للدور الجنسي داخل الأسرة	2	1	0
-66	هل يوجد اختلاط مبالغ فيه بين الذكور والإناث	2	1	0
-67	هل تقوم بالإيذاء الشديد للطفل	2	1	0
-68	هل حدث للطفل فطام مفاجئ	2	1	0
-69	هل شعر الطفل بالإهمال أثناء فترة الرضاعة	2	1	0

-70	هل يتم التعامل بعدائية شديدة في توجيه الأبناء	2	1	0
-71	هل يوجد نقص للماء في الجسم عند ابنك	2	1	0
-72	هل يوجد عدوان موجه نحو الذات عند ابنك	2	1	0
-73	هل يشعر ابنك بالحرمان من الرعاية والحنان	2	1	0
-74	هل يوجد اضطرابات عضوية عند ابنك	2	1	0
-75	هل يوجد لدى ابنك ديدان أو فقر دم	2	1	0
-76	هل يشعر ابنك بالخوف من أشياء مادية أو معنوية	2	1	0
-77	هل يوجد غيرة بين الأخوة في الأسرة	2	1	0
-78	هل يوجد عند ابنك صعوبة في التعلم	2	1	0
-79	هل ابنك موهوب ولا يهتم بأسلوب التعليم	2	1	0
-80	هل ابنك من محبي المغامرة وحب التجديد	2	1	0
-81	هل يوجد خلافات بين ابنك وأحد المدرسين	2	1	0
-82	هل ابنك يصاحب آخرين من ذوي الانحرافات	2	1	0
-83	هل تعامل ابنك باللامبالاة أو الحرص الشديد	2	1	0
-84	هل يشعر ابنك بفقد الأمن والاستقرار	2	1	0
-85	هل يوجد أشياء سيئة في حياة ابنك يتم تخويفه بها	2	1	0
-86	هل يوجد حماية أو تدليل زائد	2	1	0
-87	هل يتم عزل ابنك عن التجمعات العامة أو الخاصة	2	1	0
-88	هل يتم تكليف ابنك بعمل أكثر من طاقته	2	1	0
-89	هل يتم توبيخ ابنك ونقده أمام الآخرين	2	1	0

-90	هل يوجد تذبذب في معاملة ابنك	2	1	0
-91	هل يوجد نقد وتوبيخ مستمر لأبنك	2	1	0
-92	هل توجد سيطرة كاملة منك على تصرفات ابنك	2	1	0
-93	هل توجد صراعات مستمرة بين الأب والأم	2	1	0
-94	هل يقوم الآباء بالمقارنة بين الإخوة بعضهم ببعض	2	1	0
-95	هل يقوم أحد الآباء بالحط من قيمة ما يعمله ابنه	2	1	0
-96	هل توجد إعاقة أو ضعف في ابنك ويتم النظر إليه بـنقص في هـذا الجانب	2	1	0
-97	هل يتم تكليف ابنك بأعمال تفوق طاقته	2	1	0
-98	هل يشعر ابنك بالفراغ العاطفي	2	1	0
-99	هل يحتاج ابنك إلى لفت الانتباه بالألفاظ السيئة	2	1	0
-100	هل توجد قدوات سيئة في حياة ابنك	2	1	0
-101	هل يشاهد ابنك إعلاما هابطا	2	1	0
-102	هل تضحك على كلام ابنك البذيء صغيرا بحجة أنه لا يفهمها	2	1	0
-103	هل يشعر ابنك بالمتعة عند التحدث عن الجنس أو الإخراج	2	1	0
-104	هل تقوم بكثرة الأوامر والنواهي لابنك من غير سبب	2	1	0
-105	هل يحب ابنك المغامرة	2	1	0
-106	هل يستخدم ابنك وسيلة الهروب للضغط على الآباء	2	1	0
-107	هل يعاني ابنك من أزمات كثيرة مثل الإخفاق الدراسي	2	1	0

108-	هل ابنك ممن يتسم بقرارات سريعة	2	1	0
109-	هل ابنك ممن يصعب عليه إقامة علاقات دائمة مع الآخر	2	1	0
110-	هل يوجد خلل أو ضعف في التكوين العقلي لابنك	2	1	0
111-	هل لا توجد عند ابنك دافعية للعمل أو للاستذكار	2	1	0
112-	هل يوجد في المنزل ضغوط من الوالدين أثناء التعليم	2	1	0
113-	هل توجد عيوب في مدرسة ابنك	2	1	0
114-	هل ينظر ابنك إلى المستقبل نظرة تشاؤمية	2	1	0
115-	هل توجد عوامل كثيرة لتشتت الانتباه عند ابنك	2	1	0
116-	هل توجد قسوة أو تدليل مفرط في الطفولة	2	1	0
117-	هل يتم التعامل بعدائية شديدة في توجيه ابنك	2	1	0
118-	هل توجد كراهية مكبوتة للوالد من نفس جنس الطفل	2	1	0
119-	هل أحد الوالدين متغيب ماديا أو معنويا	2	1	0
120-	هل يوجد نقص في الفهم الديني والعقائدي عند ابنك	2	1	0
121-	هل يوجد اختلاط بين الجنسين وخاصة في المراهقة	2	1	0
122-	هل يوجد عند ابنك الرغبة في الاكتشاف وحب المغامرة	2	1	0
123-	هل يوجد فراغ نفسي واجتماعي لدى ابنك	2	1	0
124-	هل يشعر ابنك بالاضطهاد والظلم	2	1	0
125-	هل يوجد عند ابنك فراغ وقتى وعاطفي	2	1	0
126-	هل يشعر ابنك بالعزلة وعدم الانتماء مع الآخرين	2	1	0
127-	هل يوجد ضغوط في تعليم ابنك الصلاة	2	1	0

128-	هل توجد أشياء تلهى ابنك عن العبادات	2	1	0
129-	هل يتم التعامل مع ابنك بما لا يتناسب مع سنه	2	1	0
130-	هل الآباء يقومون بأعمال سيئة تكره الابن في الصلاة	2	1	0
131-	هل يصر الأبناء على عدم اتخاذ الآباء قدوة لهم	2	1	0
132-	هل توجد سيطرة كاملة من الآباء على تصرفات الأبناء	2	1	0
133-	هل يوجد عند ابنك استعداد للتمرد	2	1	0
134-	هل توجد مشكلة أو نقص جسمي عند ابنك	2	1	0
135-	هل تمنع ابنك من التجمعات والآخرين	2	1	0
136-	هل يعاني ابنك بفقد المثيرات لديه	2	1	0
137-	هل توجد إعاقة حسية عند ابنك	2	1	0
138-	هل يوجد مرض في الجهاز العصبي عند ابنك	2	1	0
139-	هل توجد اضطرابات عقلية عند ابنك	2	1	0
140-	هل توجد مشكلات عند ابنك وهو غير مدرك لها	2	1	0
141-	هل يتسم أحد الآباء بالتوتر والقلق	2	1	0
142-	هل تقوم بالمبالغة في تخويف الابن من الموت أو الآخرة	2	1	0
143-	هل يشعر الابن بعدم استقرار في ردود أفعالك ضده	2	1	0
144-	هل تشعر الطفل بأنه أقل من أقرانه	2	1	0
145-	هل يوجد مواقف في حياة ابنك لا يود فيها إشباع	2	1	0
146-	هل تقوم بالإسراف في محاولة وصول ابنك إلى الكمال	2	1	0
147-	هل يحاول ابنك اللجوء إلى مبدأ خالف تعرف	2	1	0

-148	هل يقوم احد الوالدين بالتدخين أو شرب المحرمات	2	1	0
-149	هل يوجد عندك خلل في أسلوب التوجيه والرقابة لابنك	2	1	0
-150	هل تعتقد أنك مرب جيد على قدر المسؤولية	2	1	0
-151	هل تعتقد أن المجتمع الذي نعيش فيه يحمي ابنك من المشكلات	2	1	0
-152	هل يقوم احد الوالدين بالتحدث عن الآخرين أمام ابنك	2	1	0
-153	هل توجد ميول غير تعليمية عند ابنك	2	1	0
-154	هل يقوم ابنك بتقليد السلوكات السيئة	2	1	0
-155	هل يعاني ابنك من ضعف عقلي أو تخلف عقلي	2	1	0

قيم نفسك: إذا كان اختيارك للإجابة نعم تحصل على درجتين، وإن كان اختيارك للإجابة " أحياناً" تحصل على درجة واحدة، وإن كان اختيارك للإجابة لا فلا تحصل على شيء، ويمكنك تقييم مدى استعداد ابنك للاضطراب من خلال الجدول التالي:

310-250	250-200	200-100	100-50	50-1
استعداد تام لوجود اضطراب عند ابنك	استعداد إلى حد ما لوجود اضطراب عند ابنك	استعداد متوسط لوجود اضطراب عند ابنك	استعداد بسيط لوجود اضطراب عند ابنك	يوجد بعض الاضطرابات أو على الأقل العلامات التي تؤدي إلى اضطراب

(رياض، 2005، ص180-188)

اثنان وعشرون: مقياس الندم الموقفي

فيما يلي مقياس للتعرف على بعض التصرفات والمواقف التي يمكن أن يمر بها الطلبة، أرجو الإجابة عنها بدقة، علما أنها لمتطلبات البحث العلمي فقط.

الجنس: أ- ذكر ب- أنثى

المستوى التحصيلي: أ- مقبول إلى متوسط ب- جيد ج- جيد جدا إلى ممتاز

الرقم	الفقرة	أبدا	قليلا	باعتدال	كثيرا	كثيرا جدا
1-	أنفقت كثيرا من المال لشراء حاجات غير ضرورية					
2-	لا أزور أقربائي في الأعياد					
3-	ضربت إخوتي الصغار أو أخواتي وأنا في الجامعة					
4-	لم أدرس للامتحانات بشكل مناسب					
5-	رفضت مساعدة زميلي في دراسته					
6-	تخصصت في مجال أكاديمي لا أرغب فيه					
7-	لم أمد يد المساعدة لطالب معاق					
8-	قمت بالغش في الامتحان					
9-	تشاجرت مع زميلي في الجامعة					
10-	سخرت من زميلي في حضور الآخرين					
11-	لم أنتبه لمحاضرة أحد المدرسين					

12-	جادلت مدرسا بما لا ينبغي					
13-	كذبت على أحد زملائي					
14-	تفوهــت بكلــمات تغضــب الآخــرين في الجامعة					
15-	كذبت على أحد المدرسين					
16-	لم أعتني بمظهري الخارجي أثناء دراستي					
17-	بالغت في مجاراة الآخرين بمظهرهم					
18-	أنكرت حقيقة ما حدث أمام الآخرين					
19-	أخطأت في اتخاذ قرار مصيري					
20-	لم أحسن استغلال وقت الفراغ في الدراسة					
21-	أخفقت في التعبير عن رأيي الشخصي أمام الطلبة					
22-	لم أحترم أفراد أسرتي كما يجب					
23-	تجاهلت أحد زملائي في الجامعة					
24-	أتلفت ممتلكـات الجامعـة أو شـاركت في ذلك					
25-	أغضبت زملائي بدون مبرر					
26-	رفعت صوتي أمام مدرس					
27-	كتبت على جدران أو مقاعد الجامعة					

-28	أقمت علاقة مبالغ فيها مع الجنس الآخر						
-29	ضايقت أحد المدرسين بالإكثار من الأسئلة						
-30	سخرت بصوت عال من مظهر أحد زملائي						
-31	شاركت في إحداث فوضى بمحاضرة أحد المدرسين						
-32	لم أحل الواجبات المطلوبة بالوقت المطلوب						
-33	استخدمت الهاتف أثناء المحاضرة						
-34	دخنت في أماكن غير مسموح بها						
-35	تجاوزت الحد المسموح به في الغياب						
-36	لم أخبر أفراد أسرتي بعلاماتي						
-37	أصبحت غاضبا عند التعامل مع أسرتي						
-38	طلبت مصروفا أكثر من اللازم من أفراد أسرتي						
-39	رسبت في أحد المساقات بسبب إهمالي						
-40	لم أشارك في محاضرة أحد المدرسين كما ينبغي						

تصحيح وتفسير المقياس:

تألف المقياس من (40) فقرة تقيس ثلاثة أبعاد وهي كما يلي:

1- الندم الشخصي وتمثله الفقرات:1، 2، 3، 7، 16، 18، 19، 21، 22، 24، 27، 34، 36، 37، 38

2- الندم التحصيلي وتمثله الفقرات: 4، 6، 8، 11،20، 31، 32، 33، 35، 39،40

3- الندم الاجتماعي وتمثله الفقرات: 5، 9، 10،12، 13، 14، 15،17، 23، 25،26، 28،29، 30.

ولكل فقرة خمسة بدائل للإجابة وهي كما يلي: (أبدا، قليلا، باعتدال، كثيرا، كثيرا جدا)، وجميع فقرات المقياس سلبية، وقد تراوحت الدرجة الكلية على المقياس بين (40-200) بحيث من يحصل على علامة تقترب من (40) يدل على عدم وجود ندم موقفي لديه، ومن يحصل على علامة تقترب من (200) يدل على مستوى عال من الندم الموقفي الجامعي. (أبو أسعد والمحاميد، 2009)

ثلاثة وعشرون: مقياس جيلدرد للاحتراق النفسي

يمكن استخدام مقياس جيلدرد للاحتراق النفسي كمؤشر للاحتراق النفسي، وقد يكون بالإمكان استخدامه من قبل المرشد نفسه، وذلك من خلال الإجابة عليه، وإذا أجبت عليه بشكل كامل ارجع إلى الأسئلة وقرر بنفسك ما إذا كانت أجابتك تظهر هل أنت بدأت بالحكم على نفسك انك مرهق، أو انك بدأت في التأملات السيئة أو انك بشكل عام لديك الاحتراق النفسي.

.معارض بشدة 7 معارض 6 معارض باعتدال 5

لا اعرف 4 موافق باعتدال 3 موافق بشدة 2 موافق 1

الرقم	الفقرة	الدرجة من 1-7
-1	الإرشاد عمل جدير بالاهتمام, لذلك فان اتجاهاتي نحو الإرشاد ثابت	
-2	هناك أعمال عديدة أقوم بها كل يوم	
-3	إن تعاملي مع العميل يقوم على أساس علاقة منطقية مبدوئها انه إنسان له شخصية مميزة، ولا أتعامل معه على انه حالة	
-4	عندما يحول إلي عمل إضافي فإنني دائماً مستعد للقيام به	
-5	إن حياتي الشخصية متعبة كذلك نتائج عملي الإرشادي	
-6	اشعر بأن أخطائي وعيوبي واضحة فلذلك احتاج لإخفائها	
-7	إن حياتي العملية أنساها عندما أعود إلى المنزل وأنسى- كل ما يتعلق بالعملاء وأركز تفكيري على راحتي في حياتي	

-8	أنا لا ألوم العملاء الذين لديهم مشاكل حيث أن معظمهم لا يستطيعون المساعدة أنفسهم، فهم ضحايا المجتمع ,لذلك فهم بحاجة إلى دعم مستمر ومساعدة	
-9	عند قدوم العميل إلي فإنني دائماً انظر إلى الأمام وأتوقع الرضى "الحسن."	
-10	إنني لا أقوم بعملي بالطريقة التي اعتقدها هي الأفضل، وهناك آخرين مثلي.	
-11	إن الحاجة إلى التغيير في العمل ضروري ولكنني ليس لدي تلك القوة للتغيير.	
-12	كثيرا ما اشعر بالرغبة لأقول للعميل، تظن أنت أن لديك مشاكل !إن غالبية الناس تعاني من مشاكل حتى إنا؟	
-13	أجد من السهل الحديث مع المرشدين الآخرين عن مشاعري.	
-14	اشعر إنني مستنزف عاطفيا أو "انفعاليا	
-15	هناك بعض العملاء الذين أجد صعوبة في التعامل معهم	
-16	اشعر وإنني افقد قابليتي في فهم مشاعر العميل والإحساس بها	
-17	الإرشاد عطاء دون اخذ.	
-18	يقدر الناس المرشدين بدرجة عالية.	
-19	هناك العديد من العملاء الذين يستحقون المعاناة لأنهم لا يعيشون حياتهم ضمن المعايير الأخلاقية المقبولة	
-20	إنا فعلا بحاجة لأخذ راحة من الإرشاد	

-21	اشعر بالدفء والصداقة نحو زملائي المرشدين.	
-22	أشعر أن قدراتي في الإرشاد قد أصبحت معروفة وقد أثبتت.	
-23	إن علاقتي مع العملاء تكون أحياناً متعبة، حيث أنها تشير إلى موقفي السلبي تجاه العميل.	
-24	كثيرا ما اغضب عندما اسمع العميل عما فعله	
-25	اشعر بأني لائق صحيا ولدي كمية من الطاقة.	
-26	إن العملاء دائماً وأبدا طماعين !! حيث يتمركزن حول ذواتهم وغير مقدرين لجهودي.	
-27	إن الإرشاد يعطيني النشاط في الحياة 'و يدفعني للاستمرار مستقبلا	
-28	ليس لدي طاقة للتعامل مع عائلتي وأصدقائي حيث إن الإرشاد يأخذ الكثير من الوقت.	
-29	اشعر بأني مرهق من قبل الناس الذين يأتون إلينا.	
-30	لا استطيع أن أطلق أو أنفس عن مشاعري في مكان عملي الإرشادي، علي أن أكون هادئا وحليما وصبورا ومهتما طول الوقت.	
-31	لا اشعر بأني متحمس بشأن قيمة الإرشاد.	
-32	كثيرا ما أكون مدركا ومتفهما لمشاعر العميل العاطفية ؟ وشعوره بالقلق والاضطراب أو الغضب مني.	
-33	كثيرا ما أتمنى من العميل فقط أن يذهب.	
-34	إني اعرف ماذا يفكر المشرف حول قدراتي كمرشد.	

-35	الوكالة " المؤسسة" التي اعمل بها تهـتم بي بشـكل جيـد، وعمـلي فيها مقدر حق قدره	
-36	اشعر بإحباط لأنه لا يوجد احد قادر على حل المشكلات القادمة.	
-37	إن نموذج الإجابة العفوية تخرج مني بصعوبة.	
-38	إن عملي في الإرشـاد إعطـاني القناعـة، وهـذا مـا كنـت أتوقـع أن احصل عليه من خلال عملي.	
-39	اشعر غالباً بأني استجيب بسرعة الانفعال بغضب	
-40	نادراً ما اشعر بأنه ليس لدي الرغبة في العمل.	

تطبيق وتصحيح وتفسير المقياس :

تعليمات حساب وتفسيرGBI أي مفردة في الاستبيان GBI تحصل على علامة من 1 إلى 7، المفردات اللاحقة تحسب بطريقة مختلفة، المفردات " 1، 3، 4 ،7، 21، 13، 9، 8، 38، 37، 34، 31، 27، 25، 22، 21، 18، 40 " تحسب بطريقة عكسية لأنها لا تدل على الإحباط، وكلما ارتفعت العلامة دلت على وجود الإحباط.

التفسير للنتيجة:

- تؤدي عملية الإرشاد على أكمل وجه 40 - 80
- أنت تعمل جيداً 81 - 120
- لماذا لا تعطي لنفسك مزيدا من العناية ؟ 121 – 200
- أنت تستحق أن تكون محبوبا. أحب نفسك أنت بحاجة إلى رد فعل مستعجل 201-280

و ذلك لأن درجة الاحتراق النفسي لديك عالية جدا.

أربعة وعشرون: الحساسية الزائدة للنقد

إليك مجموعة من العبارات التي تهدف إلى تحديد درجة حساسيتك إذا انتقدك الآخرين خلال حياتك اليومية ونظراً لقيام الباحث بهذه الدراسة فإنك ستجد في عبارات هذا المقياس خيارات قد تنطبق بعضها عيك أو لا تنطبق.

أخي الطالب: تخيّر أحد الإجابات وذلك بوضع علامة (✓) بجانب الخانة التي تنطبق عليك من الخيارات الخمس (بدرجة كبيرة جداً، بدرجة كبيرة، بدرجة متوسطة، بدرجة قليلة، بدرجة قليلة جداً). وثِقْ تماماً بأن ما ستدلي به من معلومات سيكون موضع السرية التامة ولن يستخدم إلا لغرض الدراسة العلمية، مع العلم بأنه لا توجد إجابات صحيحة وأخرى خاطئة.

الرقم	الفقـــــرة	بدرجة كبيرة جداً	بدرجة كبيرة	بدرجة متوسطة	بدرجة قليلة	بدرجة قليلة جداً
-1	عندما لا أتفق مع من حولي فإنني أرفع صوتي.	5	4	3	2	1
-2	عندما أخطئ في عملي، فإن أول شيء أفعله هو معرفة سبب الخطأ، ومن ثم البحث عن حلول.	1	2	3	4	5
-3	يصعب عليه أن أعترف لنفسي عندما أكون مخطئاً.	5	4	3	2	1
-4	تقل دافعيتي عندما يتحدث شخص عن تصرفي بشكل سلبي.	5	4	3	2	1
-5	أميل إلى كراهية الأفراد الذين يوجهون لي النصيحة.	5	4	3	2	1

1	2	3	4	5	أشعر بالإحباط عندما يقـال لي أننـي لم أقـم بواجبي على أحسن وجه.	6-
1	2	3	4	5	إذا انتقد شخص سـلوكي فإننـي أصـر عـلى أن الخطأ ليس خطئي.	7-
1	2	3	4	5	عندما أخطئ، فـإنني أصـمت تمامـاً وأتوقـف عن المشاركة.	8-
5	4	3	2	1	عندما يزودني شخص ما باقتراحات لمـا يمكن أن أقوم به على نحو أفضل، فإنني أشكره عـلى هذا الاقتراح.	9-
1	2	3	4	5	عندما يقدم شخص لي نصيحة حـول كيفية تحسـين أدائي، فـإنني أوافـق عـلى نصـيحته لكني لا أتابعها.	10-
1	2	3	4	5	أشـعر بالإهانـة إذا قـام شـخص يقـل عنـي تحصيلاً بانتقاد أدائي أو أفكاري.	11-
1	2	3	4	5	أتجهم وأشعر بالتوتر إذا كان الانتقاد يؤلمني.	12-
1	2	3	4	5	أشعر بالإحباط عندما ينتقد الآخرين أدائي.	13-
5	4	3	2	1	بالرغم من عـدم تقبـل ردود فعـل أهلـي، إلا إنني آخذها في الاعتبار.	14-

253

5	4	3	2	1	احترم آراء الكبار حتى لو تعارضت مع رأيي.	15-
1	2	3	4	5	يتوقع مني زملائي الاستمرار في الجدل، عندما لا تسير الأمور لصالحي.	16-
1	2	3	4	5	اشعر بالفشل عندما ينتقدني شخص ما، بأنني غير كفؤٍ.	17-
5	4	3	2	1	عندما أكون مخطئا، أعترف بذلك على الفور.	18-
1	2	3	4	5	عندما أدرك أن الانتقاد الموجه لي مبرر، فإنني أشعر أنني فاشل.	19-
1	2	3	4	5	أعتقد أن معظم الناس ينتقدون الآخرين، بدون أسباب وجيهة.	20-
1	2	3	4	5	يتوقع والديّ ومعلميّ مني أكثر مما تسمح به إمكاناتي.	21-
1	2	3	4	5	أعتبر التعليقات أو الاقتراحات التي لا أتفق معها بلا قيمة.	22-
1	2	3	4	5	أتجاهل ردود الفعل السلبية تماماً.	23-
5	4	3	2	1	تحسين نقاط الضعف لدي أمر يستحق بذل الجهد.	24-
5	4	3	2	1	عندما ينتقدني الناس، أشعر كما لو أنهم ينكرون كل ما قمت به من عمل جيد.	25-

1	2	3	4	5	يفعل بعض الناس أي شيء ليشعروا الآخرين بالدونية.	26-
1	2	3	4	5	أتجنب التحدث عن أخطائي، حتى لا تتعرض للنقد من قبل الآخرين.	27-
5	4	3	2	1	المفيد في فعل شيء خاطئ هو أنني أتعلـم أن أفعل الصواب في المرة القادمة.	28-
1	2	3	4	5	اشعر بان أي أتنقاد يوجه لأحد كأنه يوجه لي شخصياً.	29-
5	4	3	2	1	الحصول على تغذية راجعة عن عملي، حتـى لو كانت سلبية، يمكن أن يكون مفيداً.	30-
5	4	3	2	1	عندما أرتكب خطأ، فإنني أقدر ذلك لأنـه يلفت انتباهي لما هو صحيح.	31-
1	2	3	4	5	زملائي الذين ينتقـدون عملـي يفعلون ذلك لأنهم يكرهونني أو يغارون مني.	32-
1	2	3	4	5	لا فرق لدي ممن ينتقد سلوكي، أو تصرفي، أو اهتماماتي، لأنه مجرد هجوم شخصي.	33-
1	2	3	4	5	عندما يقدم شخص مـا لي اقتراحا للتحسـين تصرفي أو سلوكي، فيعنـي هـذا أنه غـير راض عن تصرفي ككل.	34-

1	2	3	4	5	الـرأي الوحيـد الـذي اهـتم بـه هـو رأي الأشخاص الذي يعجبهم أدائي.	35-
1	2	3	4	5	عنـدما ينتقـدني شخص مـا، فـأنني اسـتمر بالشكوى طوال اليوم.	36-
1	2	3	4	5	عندما أخطئ في عمـل مـا، فـان الآخـرين لا يسامحونني.	37-
1	2	3	4	5	عندما ينتقدني شخص مـا، فـأنني أخبره انه ليس أفضل مني.	38-
1	2	3	4	5	عندما افشل في جزء من العمل، فأنني اشعر بالفشل التام.	39-
1	2	3	4	5	أتجنب الإجابة على الأسئلة الغريبة.	40-

(العتيق، 2010)

توزيع فقرات مقياس الحساسية للنقد حسب الأبعاد الفرعية

الرقم	المجال الفرعي/ البعد	عدد الفقرات	أرقام الفقرات	تعريف الأبعاد
1	ردود الفعـــل المعرفيـــــة الخارجية	11	/26/25/21/20/18/11/7 /38 /34/32/27	ويقصـد بـه الأفكـار والاعتقـادات التي يحملها الفرد عند تعامله مع الآخرين، والتي قد يكون بعضها مشوهاً فيزيد من حدة الحساسية للانتقاد.
2	ردود الفعـــل المعرفيـــــة الداخلية	11	/29/28/23/22/19/3/2 35/33/31/30	ويقصـد بـه الأفكـار والاعتقـادات التـي يحملهـا الفـرد ويفكـر بهـا داخليـاً عنـد تلقيـه للانتقـاد، مـما يزيد من حساسيته للانتقاد.
3	ردود فعـــل انفعاليـــــة موجهـــــة خارجياً	5	39/13/6/5/4	ويقصد بها المشـاعر التـي يحملها الفرد عند تلقيه للانتقاد والتي قـد يـؤدي وجودهـا في حـال كانـت سـلبية لزيـادة الحساسـية لهـذا الانتقاد.
4	ردود فعـــل ســـلوكية ظاهرية	5	/37/16/9/8/1	ويقصد بها الأفعال والأعـمال التـي يقوم بها الفرد بشكل ظاهر أمام الآخرين عنـد تلقيـه للانتقـاد مـن قبل الآخرين.

5	ردود فعل سلوكية ضمنية	8	36/24/17/15/14/12/10 40/	ويقصد بها الأفعال والأعمال والمشاعر السلبية التي يؤدي انتقاد الفرد إلى ظهورها لديه، وهي لا ترتبط مباشرة بالانتقاد الموجهة له، وإنما تكون نتيجة غير مباشرة للانتقاد.
	المجموع الكلي للفقرات	40	40-1	

التصحيح والتفسير للمقياس:

عدد فقرات المقياس (40) والدرجات تتراوح بين (40-200) والمتوسط هو 120 وكلما ارتفعت العلامة عن المتوسط دل على وجود حساسية زائدة للنقد.

خمسة وعشرون: مقياس قلق الموت

تعليمات: فيما يلي مجموعة من الأسئلة اقرأ كل سؤال وأجب ما إذا كان ينطبق عليك أم لا ثم ضع دائرة حول كلمة "نعم " أو كلمة "لا " التي تسبق كل سؤال. ليست هناك إجابات صحيحة وأخرى خاطئة ولكن الأهم أن تكون دقيقا في تحديد ما ينطبق عليك.

لا	نعم	الفقرة	الرقم
0	1	هل فكر في الموت كثيرا؟	1-
0	1	هل تترقب الموت من وقت لآخر؟	2-
0	1	هل يضايقك كثيرا أن تضطر إلى الوجود مع شخص عزيز وهو يحتضرـ(يموت)؟	3-
0	1	هل تعتقد أن الموت هو أهم الحقائق المؤكدة في عالم البشر؟	4-
0	1	هل تنظر إلى الحياة نظرة متشائمة؟	5-
0	1	هل تخاف كثيرا من الموت عندما يصيبك أي مرض؟	6-
0	1	هل تنزعج كثيرا بما يدور حول الموت من طقوس (شعائر)؟	7-
0	1	هل تخاف من زيارة القبور؟	8-
0	1	هل تخاف من احتمال أن تجرى لك عملية جراحية؟	9-
0	1	هل تنقبض وتتضايق عند رؤيتك ملابس سوداء؟	10-
0	1	هل يرعبك دخول مشرحة؟	11-
0	1	هل تخاف من رؤية الهيكل العظمي للإنسان؟	12-
0	1	هل ينتابك شعور بأنك ستموت فجأة؟	13-

-14	هل التفكير في أنك ستموت يجعلك سلبيا بالنسبة لحياتك الحاضرة؟	1	0
-15	هل تخشى مواجهة الأخطار تفاديا للموت؟	1	0
-16	هل تدور بعض أحلامك حول فكرة الموت؟	1	0
-17	هل تحب الحياة كثيرا؟	1	0
-18	هل تخاف من الجلوس مع مريض يوشك أن يموت؟	1	0
-19	هل تتجنب السباحة خوفا من الموت غرقا؟	1	0
-20	هل تكره مشاهدة الأفلام التي تتركز على الفراق؟	1	0
-21	هل تتشاءم من رؤية (دافن ا لموتى) أو الحانوتي؟	1	0
-22	هل تعتقد أن الموت راحة للإنسان؟		
-23	هل تخاف من عبور الشارع خشية أن تصدمك عربة وتموت؟	1	0
-24	هل تفضل قراءة القصص والروايات التي تدور حول الجريمة والموت؟	1	0
-25	هل تهتم كثيرا بقراءة صفحة الوفيات في الجرائد اليومية؟	1	0
-26	هل تتمنى في أوقات كثيرة أن تموت؟	1	0
-27	هل تخاف من الجلوس في حجرة مات بها إنسان من وقت؟	1	0
-28	هل ترتبط في ذهنك العمليات الجراحية بالموت؟	1	0
-29	هل يقلقك أن يحرمك الموت من شخص عزيز عليك؟	1	0
-30	هل تحب أن تموت صغير السن؟	1	0
-31	هل تود أن يبتعد الناس عن استخدام كلمة (الموت)؟	1	0
-32	هل يثير خوفك كثيرا رؤية الطيور وهي تذبح؟	1	0

-33	هل تخشى أمورا كثيرة مجهولة بعد ا لموت؟	1	0
-34	هل تعتقد أن انتظار الموت أقسى من الموت ذاته؟	1	0
-35	هل ينتابك قلق شديد إذا مرضت ودخلت المستشفى؟	1	0
-36	هل تحزن كثيرا عند وفاة أحد أقاربك؟	1	0
-37	هل تتوقع دائماً أن يقع لك مكروه؟	1	0
-38	هل تخاف بشدة من الإصابة بمرض "الإيدز"؟	1	0
-39	هل تقلق كثيرا إذا اضطررت إلى زيارة مريض بالمستشفى؟	1	0
-40	هل تخاف من رؤية حوادث السيارات؟	1	0
-41	هل يزعجك صوت سيارة الإسعاف؟	1	0
-42	هل تخاف كثيرا من رؤية الجثث؟	1	0
-43	هل تعتقد أن الموت شيء فظيع؟	1	0
-44	هل تخشى عذاب القبر؟	1	0
-45	هل يرعبك منظر الجثث عندما تعرض في التلفزيون؟	1	0
-46	هل تحب أن تتحدث عن الموت؟	1	0
-47	هل تميل إلى قراءة الكتب التي تعالج موضوع الحياة بعد الموت؟	1	0
-48	هل تخشى أن تموت في حادث اختطاف طائرة؟	1	0
-49	هل تنزعج كثيرا عندما تتخيل نفسك في مكان شخص ميت فيه؟	1	0
-50	هل تميل إلى رؤية عملية دفن الميت؟	1	0
-51	هل يضايقك كثيرا أن تضطر إلى السير بين المقابر؟	1	0

-52	هل تشعر بالخوف عند رؤية الأسلحة القاتلة؟	1	0
-53	هل يشغلك كثيرا التفكير فيما سيحدث بعد الموت؟	1	0
-54	هل تخشى الوقوع من مكان مرتفع فتموت؟	1	0
-55	هل يزعجك كثيرا تلقي نبأ وفاة زميل لك؟	1	0
-56	هل يشغلك كثيرا التحلل الذي يحدث للجسد بعد الموت؟	1	0
-57	هل تخشى أن تنام فلا تستيقظ أبدا؟	1	0
-58	هل تنزعج كثيرا عندما تقرأ عن الاغتيالات والحروب؟	1	0
-59	هل تعتقد أن الموت ظاهرة تسبب قلقا شديدا للإنسان؟	1	0
-60	هل تخشى أن تقوم الحرب العالمية الثالثة وتموت فيها؟	1	0
-61	هل تكره مشاهدة الأفلام التي تنتهي بالموت؟	1	0
-62	هل يزعجك أن تموت قبل أن تحقق آمالك وأحلامك؟	1	0
-63	هل تعتقد أنه لابد من تقبل (الموت) على أنه نهاية كل شيء حي؟	1	0
-64	هل يصيبك خوف شديد عندما تشعر باحتضار شخص ما؟	1	0
-65	هل تخاف أن تموت في حادث سيارة؟	1	0
-66	هل تتكلم كثيرا مع زملائك عن الموت وما بعد؟	1	0
-67	هل ترغب في أن تعرف أشياء كثيرة عن الموت؟	1	0
-68	هل يضايقك أن تضطر إلى مخالطة مريض بمرض مميت غير معد؟	1	0
-69	هل يسبب لك مجرد دخول المستشفى قلقا شديدا؟	1	0
-70	هل أنت متفائل بالنسبة لأخرتك؟	1	0

-71	هل تخاف إذا عرفت أنك قبل أن تموت ستدخل في غيبوبة؟	1	0
-72	هل ترى كثيرا من الموتى في أحلامك؟	1	0
-73	هل تخشى من احتمال أن تموت مقتولا؟	1	0
-74	هل تتشاءم من الموت؟	1	0
-75	هل تخشى على نفسك من الموت عندما يطلب منك التبرع بالدم؟	1	0
-76	هل تنزعج كثيرا وأنت تشاهد جنازة؟	1	0
-77	هل تخاف من منظر شخص يحتضر؟	1	0
-78	هل تسبب لك سيرة الموت إزعاجا شديدا؟	1	0
-79	هل تكره مشاهدة أفلام الرعب والموت؟	1	0
-80	هل تخشى الموت المؤلم عندما تقرأ عن مرض السرطان؟	1	0
-81	يسيطر عليك التفكير في الموت؟	1	0
-82	هل تخشى الإصابة بالأمراض المعدية المميتة؟	1	0
-83	هل تسيطر عليك فكرة أنك ستموت في شبابك؟	1	0
-84	هل تخاف من النظر إلى الموتى؟	1	0
-85	هل تخشى أن تموت وحيدا؟	1	0
-86	هل ترتبط في ذهنك رؤية الدم بالموت؟	1	0
-87	هل يمكنك النظر إلى حيوان ميت؟	1	0
-88	هل أنت من النوع الذي لا يخشى الموت أبدا؟	1	0

طريقة التصحيح والتفسير:

الأفكار جميعها تورد لدى الأفراد لاسيما عند المرور بموقف معين يستدعي ذلك مثل وفاه أحد الأقارب أو صديق مقرب، مشاهدة حادث ما وقد لا نكون على دراية في وقتها بأن ما نعانيه من أفكار هو أحد أنواع القلق (قلق الموت) والتي يؤدي التمادي فيه مثل بقية أنماط القلق إلى الخلل بالحياة اليومية ومتطلباتها،

كلما زادت الدرجة النهائية للاستجابة على البنود ارتفع معدل القلق والعكس. (عبد الخالق، (1987

المراجع

أولاً: المراجع العربية

إبراهيم، فيوليت فؤاد. (1998) دراسات في سيكولوجية النمو (الطفولة والمراهقة)، مكتبة زهراء الشرق، القاهرة.

أبو أسعد، أحمد عبد اللطيف (2007) أثر وجود الأطفال وعددهم والمستوى الاقتصادي في الشعور بالتفاؤل والرضا الزواجي، مجلة عين شمس. العدد 31، الجزء 3.

أبو أسعد، أحمد عبد اللطيف. (2009) الحاجات الإرشادية كما يعبر عنها الطلبة وأولياء أمورهم (دراسة مقارنة)، مجلة جامعة البحرين، مقبول للنشر.

أبو أسعد، أحمد والختاتنة، سامي. (2011). يجري الباحثان دراسة بعنوان: مستوى التكامل النفسي لدى المسن وعلاقته بسلوكه الصحي وكفايته الذاتية، ولذلك فنرجو منكم التكرم بالإجابة على المقاييس التالية، علما أن هذه الدراسة مخصصة لأغراض البحث العلمي فقط.

أبو أسعد، احمد والمحاميد، شاكر. (2009). الندم الموقفي وعلاقته بالتكيف النفسي لدى عينة من طلاب وطالبات جامعة مؤتة، مجلة جامعة الملك سعود، مقبول للنشر.

أبو أسعد، أحمد عبد اللطيف. (2005) أثر التكيف الزواجي في التكيف النفسي وتلبية الحاجات النفسية لدى الأبناء، رسالة دكتوراه غير منشورة، الجامعة الأردنية، عمان.

أبو الحسن، سميرة، (1996) دراسة مقارنة لمستوى الوحدة النفسية عند المسنين المقيمين مع ذويهم والمقيمين في دور المسنين، رسالة ماجستير غير منشورة، معهد البحوث التربوي، جامعة القاهرة، القاهرة.

أبو حطب، فؤاد وزملائه. (1979) تقنين اختبار رسم الرجل في البيئة السعودية، مكة المكرمة، مطبوعات مركز البحوث التربوية والنفسي.

أبو عرقوب، إبراهيم. (1993) الاتصال الإنساني ودوره في التفاعل الاجتماعي، دار مجدلاوي، نقلا عن قاموس اوكسفورد.

أبو عيطة، سهام. استكشاف الذات للتخطيط الدراسي والمهني. الجامعة الهاشمية. الزرقاء.

أبو غزالة، هيفاء وزكريا، زهير(1991). أنا ومهنتي. برنامج في التوجيه المهني للطلبة من مرحلة رياض الأطفال إلى نهاية الصف التاسع.

أحمد، عطية سيد. (1995) مظاهر السلوك العدواني لدى عينة من المتأخرين دراسيا وأثر الإرشاد النفسي في تعديله، رسالة دكتوراه غير منشورة، كلية التربية - جامعة الزقازيق.

الأخضر، فاطمة محمد، 1989، أثر المشاركة في برنامج الإرشاد الجمعي وفي برنامج النشاط على تحسن مفهوم الذات، رسالة ماجستير غير منشورة، الجامعة الأردنية، عمان.

الأشول، عادل عز الدين. (1997) الحاجات الإرشادية للتلاميذ في فترة المراهقة، **ندوة: الإرشاد النفسي ودوره التنموي**، جامعة الكويت، كلية التربية، 24/ 3/ 1997- 26/ 3/ 1997.

آمال صادق وفؤاد أبو حطب: علم النفس التربوي (ط4). القاهرة: الأنجلو المصرية، 1994م.

بتروفسكي، أ. ف وياروشفسكي، م. ج.(1996) معجم علم النفس المعاصر، دار العالم الجديد، القاهرة، ترجمة: حمدي عبد الجواد، عبد السلام رضوان.

بدر، إبراهيم محمود (1991). مدى فاعلية العلاج الوجودي في شفاء الفراغ الوجودي واللامبالاة اليائسة لدى الطلبة الفاشلين دراسي، رسالة دكتوراه غير منشورة، كلية التربية ببنها جامعة الزقازيق.

بدير محمد نبيه (1990) عادات الاستذكار وعلاقتها بالتحصيل الدراسي لدى طلاب وطالبات الجامعة. مجلة كلية التربية، جامعة المنصورة، العدد 14، الجزء الثاني.

بذري، علي والشناوي، محروس. (1986) المجال النفسي للضبط وعلاقته بالسلوك التوكيدي وأساليب مواجهة المشكلات، مجلة كلية التربية، جامعة أسيوط، العدد الثاني.

البستاني، المعلم بطرس (1977). محيط المحيط، قاموس مطول للغة العربية، بيروت مكتبة لبنان.

توق، محي الدين وعدس، عبد الرحمن (1984) أساسيات علم النفس التربوي. عمان: دار جون وايلي وأبنائه.

جابر، جابر عبد الحميد. (1973) مدخل لدراسة السلوك الإنساني، ط3، القاهرة: دار النهضة العربية.

جابر، جابر عبد الحميد.(1986) الشخصية: البناء، الديناميات، النمو، طرق البحث، التقويم. القاهرة: دار النهضة العربية

جبريل، موسى (1996) العلاقة بين مركز الضبط وكل من التحصيل الدراسي والتكيف النفسي لدى المراهق، مجلة دراسات، المجلد 23، العدد 2، ص358–377.

الجردي، نبيل. (1984) المدخل لعلم الاتصال، مكتبة الإمارات، ط3، الإمارات العربية المتحدة.

جلال، سعد، وآخرون. (1996) مشكلات الشباب المصري في مرحلة التعليم الثانوي، القاهرة: المركز القومي للبحوث الاجتماعية الجنائية.

الجمال، أبو العزايم، وفهيم، لطفي (1988) نظريات التعلم المعاصرة وتطبيقاتها التربوية، القاهرة: مكتبة النهضة المصرية.

الجهني، ضاحي ضحيان. (2006) تقنين قائمة نيو للشخصية لفئة الراشدين الذكور من (17–40) سنة في البيئة السعودية، رسالة ماجستير غير منشورة، جامعة مؤتة.

جيل، فوزي محمد. (2000) الصحة النفسية وسيكولوجية الشخصية. المكتبة الجامعية، الإسكندرية.

267

الحسين، أسماء عبد العزيز 2002) المدخل الميسر إلى الصحة النفسية والعلاج النفسي، دار عالم الكتب، السعودية.

الحسين، أسماء عبد العزيز. (2002). المدخل الميسر إلى الصحة النفسية والعلاج النفسي، دار عالم الكتب، ط1، الرياض: السعودية.

حسين، محمد عبد الهادي(2003) تربويات المخ البشري، دار الفكر، عمان: الأردن.

حمدي، نزيه (1998) علاقة مهارة حل المشكلات بالاكتئاب لدى طلبة الجامعة الأردنية، مجلة الدراسات، المجلد (25) عدد (1).

حمدي، نزيه (1998) فعالية تدريبات التحصين ضد الضغط النفسي في خفض المشكلات، بحث مقدم ضمن فعاليات الورشة العربية الثانية للعلوم النفسية، الجمعية السورية للعلوم بالتعاون مع كلية التربية بجامعة دمشق، سوريا.

حمدي، نزيه، ونظام أبو حجله، وصابر أبو طالب (1998) البناء العاملي ودلالات صدق وثبات صورة معبره لقائمة بيك للاكتئاب، مجلة دراسات، مجلد (12)، عدد (11).

حمزة، جمال.(1996). التنشئة الوالدية وشعور الأبناء بالفقدان، مجلة علم النفس، الهيئة المصرية العامة للكتاب: السنة (10)، العدد (39)، ص 138-147.

الحميدات، روضة سليمان أحمد. (2007). بناء وتقنين مقياس مهارات الاتصال لدى طلبة الجامعات الأردنية. جامعة مؤتة، الكرك: الأردن.

الحوارنة، إياد نايف (2005) أثر نمط التنشئة الأسرية في النضج المهني لدى طلبة الأول الثانوي في محافظة الكرك، رسالة ماجستير غير منشورة، جامعة مؤتة.

الحواري، عيسى.(1982).تكييف مقياس هولاتد في التفضيل المهني وتطبيقه على عينة من طلبة الصف الثالث الثانوي في مدينة اربد، رسالة ماجستير غير منشورة.جامعة اليرموك اربد، الأردن.

ختاتنة، سامي. (2006). بناء برنامج لتدريب الأمهات على المهارات الحياتية و استقصاء أثره

في تحسين الكفاية الاجتماعية و مفهوم الذات ومهارات الحياة لدى أطفالهن، رسالة دكتوراه غير منشورة، جامعة عمان العربية، عمان.

الخطيب. جهاد. (1988) الشخصية بين التدعيم وعدمه. (برامج في تعديل السلوك) منشورات وزارة التربية، عمان: الأردن.

الخواجا، عبد الفتاح محمد سعيد. (203) الاختبارات والمقاييس النفسية المستخدمة في الإرشاد والعلاج النفسي، دار المستقبل للنشر والتوزيع، عمان.

الخولي، سناء (1986). الأسرة والحياة العائلية، الإسكندرية، دار المعرفة الجامعية.

داوود، نسيمه (1999) علاقة الكفاية الاجتماعية والسلوك اللاإجتماعي المدرسية أساليب التنشئة الوالدية والتحصيل الدراسي لدى عينة من طلبة الصفوف السادس والسابع والثامن، مجلة دراسات، المجلد (26) عدد(1)

الدسوقي، كمال (1976) علم النفس ودراسة التوافق، بيروت: دار النهضة العربية.

الدسوقي، كمال. (1979) النمو التربوي للطفل والمراهق، دار النهضة العربية، القاهرة.

دواني، كمال وعيد ديراني، 1983، اختبار ماسلو للشعور بالأمن، دراسة صدق للبيئة الأردنية، مجلة دراسات، المجلد (1)، عدد (2).

ديفيز، مارثا، روبنز، اليزابيث وماكاي، ماثيو.(2005)كتاب تدريبات الاسترخاء والتحرر من التوتر، ط5، مكتبة جرير، السعودية.

ديفيز وروبنز وماكاوي.(2005).معدلة عن استبان .Coping Style Questionnaire والذي وضعه جيم بويرز، مركز كابزر – بيرمينانت الطبي والأساليب الصحية، سانتا كلارا، كاليفورنيا.

دياب، مروان. (2006). دور المساندة الاجتماعية كمتغير وسيط بين الأحداث الضاغطة والصحة النفسية للمراهقين الفلسطينيين. رسالة ماجستير غير منشورة، الجامعة الإسلامية، غزة.

ذياب، فوزية (1966). القيم والعادات الاجتماعية، القاهرة: دار الكتاب العربي.

رزوق، أسعد (1979). موسوعة علم النفس. بيروت: المؤسسة العربية للدراسات والنشر.

الرشيدي، بشير صالح والخليفي إبراهيم محمد. (1997). سيكولوجية الأسرة والوالدية، الكويت: ذات السلاسل.

رضوان، سامر جميل. (1999) دراسة ميدانية لتقنين مقياس للقلق الاجتماعي على عينات سورية، جامعة دمشق – كلية التربية..

رضوان، سامر. (1997) توقعات الكفاءة الذاتية، مجلة شؤون اجتماعية، العدد الخامس والخمسون– السنة الرابعة عشرة، الشارقة، ص25-51.

الرواشدة، أسيل. (2007). علاقة الإساءة والوالدية في تطور النمو الأخلاقي لدى عينة من المراهقين في محافظة الكرك، رسالة ماجستير غير منشورة، جامعة مؤتة، الكرك.

الروسان، فاروق.(1999) أساليب القياس والتشخيص في التربية الخاصة، دار الفكر للطباعة والنشر والتوزيع، عمان.

رياض، سعد. (2005) الشخصية أنواعها أمراضها فن التعامل معها، مؤسسة اقرأ للنشر والتوزيع والترجمة، القاهرة.

الريحاني، سليمان، 1985، تطوير اختبار الأفكار العقلانية واللاعقلانية، مجلة دراسات، المجلد (12) عدد (11).

زايد، أحمد (1993) الأسرة والطفولة: دراسات اجتماعية وانثربولوجية، الطبعة الأولى. دار المعرفة الجامعية: إسكندرية.

زهران، حامد (1985) علم نفس النمو الطفولة والمراهقة. ط (5)، القاهرة: عالم الكتب.

زهران، حامد (1987) الصحة النفسية والعلاج النفسي، القاهرة: عالم الكتب.

زهران، حامد. (1977). علم نفس النمو، القاهرة عالم الكتب.

زهران، حامد عبد السلام.(1990) **علم نفس النمو**، ط5، القاهرة: عالم الكتاب.

زواوي، رنا أحمد.(1992) أثر الإرشاد الجمعي للتدريب على حل المشكلات في خفض التوتر، رسالة ماجستير غير منشورة، الجامعة الأردنية.

زيدان، السيد عبد القادر (1990) عادات الاستذكار في علاقتها بالتخصص ومستوى التحصيل الدراسي في الثانوية العامة لعينة من طلاب كلية التربية جامعة الملك سعود، بحوث المؤتمر السنوي السادس لعلم النفس في مصر، القاهرة: الجمعية المصرية للدراسات النفسية.

السرطاوي، زيدان أحمد والشخص، عبد العزيز السيد. (1998) بطارية قياس الضغوط النفسية وأساليب المواجهة والاحتياجات لأولياء أمور المعوقين، دار الكتاب الجامعي، العين: الإمارات العربية المتحدة.

سري، إجلال محمد. (1982) التوافق النفسي للمدرسات المتزوجات والمطلقات وعلاقته ببعض مظاهر الشخصية، رسالة دكتوراه غير منشورة، جامعة عين شمس، القاهرة، مصر.

السفاسفة، محمد إبراهيم. (1993) استقصاء مدى فعالية نموذجين في اتخاذ القرار المهني لدى طلبة الصف الثاني الثانوي الأكاديمي في محافظة الكرك، رسالة ماجستير غير منشورة، جامعة مؤتة، الكرك، الأردن.

سكر، ناهدة. (2003) الاختبارات والمقاييس النفسية والتربوية، دار المناهج للنشر والتوزيع. عمان.

سلامة، سهيل. (1988) إدارة الوقت منهج متطور للنجاح، المنظومة العربية للعلوم الإدارية، عمان.

سيباني، خليل. (1998) إدارة الوقت، موسوعة رجل الأعمال الناجح، دار الكتب الجامعية، بيروت.

271

شارلو شيفر، هوارد سليمان(1996) مشكلات الأطفال، ترجمة د.نسمة داود، د.نزيه حمدي، عمان، ط: ٢، ص: ٤٣٢.

شبكة العلوم النفسية العربية. (2003) Reserved WebPsySoftArab Company ,Arabpsynet. All Rights.

الشرعة، حسين. (1998). علاقة مستوى الطموح والجنس بالنضج المهني لدى طلبة الصف الثاني الثانوي، مؤتة للبحوث والدراسات، عمادة الدراسات العليا، جامعة مؤتة، الأردن، المجلد (13)، العدد (5)، ص 11 - 33.

الشرعة، حسين.(1993).مدى توافق الميول المهنية المقاسة لطلبة المرحلة الجامعية مع تخصصاتهم الأكاديمية، مجلة أبحاث اليرموك، (3) 9، 273-275.

الشرقاوي، حسن (1984). نحو علم نفس إسلامي، الإسكندرية: مؤسسة شباب الجامعة.

الشناوي، محمد محروس (1996) العملية الإرشادية، دار غريب.القاهرة: مصر.

شهاب، محمد يوسف.(1992) أنماط الشخصية وعلاقتها بالتفضيلات المهنية لدى طلاب الصف العاشر، رسالة ماجستير غير منشورة.الجامعة الأردنية. عمان.

الشوارب، أسيل أكرم سلامة(1996) المشكلات السلوكية والانفعالية لأطفال المستوى التمهيدي في رياض الأطفال التابعة لمراكز صندوق الملكة علياء للعمل الاجتماعي التطوعي، رسالة ماجستير غير منشورة، جامعة مؤتة، الكرك.

الشوبكي، نايفة حمدان. (1991) تأثير برنامج في الإرشاد المعرفي على قلق الامتحان لدى عينة من طلبة المرحلة الثانوية في مدينة عمان، رسالة ماجستير غير منشورة، الجامعة الأردنية، عمان.

صالح، أحمد زكي (1972) علم النفس التربوي، ج12، مكتبة النهضة المصرية، القاهرة.

الصمادي، أحمد. (1991) مقياس اتجاهات الشباب نحو الزواج، مجلة أبحاث اليرموك سلسلة العلوم الإنسانية والاجتماعية، المجلد7، العدد3، ص 93-129.

الطواب، سيد. (1995). النمو الإنساني أسسه وتطبيقاته، دار المعرفة الجامعية: القاهرة.

عبد الخالق أحمد محمد (2000). التفاؤل والتشاؤم: عرض لدراسات عربية، مجلة علم النفس، العدد56، السنة14أص ص6-27. الهيئة المصرية العامة للكتاب. مصر.

عبد الخالق، أحمد، (1996). قياس الشخصية، الكويت: لجنة التأليف والتعريب والنشر.

عبد الخالق، أحمد محمد.(1987). مقياس قلق الموت، العدد 111، سلسلة دار المعرفة، مارس.

عبد الرحمن، محمد السيد، والمغربي، ماهر مصطفى (1990). أساليب المعاملة الوالدية كما يدركها العصابيون والذهانيون والأسوياء، مجلة الزقازيق، جامعة الزقازيق).

عبد الرحمن، محمد السيد (1991) المهارات الاجتماعية وعلاقتها بالاكتئاب واليأس لدى الأطفال، مجلة كلية التربية بطنطا، العدد الثالث عشر، 241- 300.

عبد الشافي أحمد سيد رحاب(1997) فعالية برنامج مقترح لتنمية المهارات الإملائية اللازمة لتلاميذ الحلقة الثانية من التعليم الأساسي لدى طلاب كلية التربية (قسم اللغة العربية). المجلة التربوية، كلية التربية بسوهاج، جامعة جنوب الوادي، العدد الثاني عشر، الجزء الأول، يناير.

عبد القوي، سامي. (1995) علم النفس الفسيولوجي، ط2، القاهرة: مكتبة النهضة المصرية.

عبد الكافي، إسماعيل. (2001) اختبارات الذكاء والشخصية، الإسكندرية: مركز الإسكندرية للكتاب.

عبد الكريم، ناهد (1988). الاضطرابات الأسرية وأثرها الاجتماعية، مجلة الشرطة، أبو ظبي، عدد 212 آب، ص 99-110.

عبد المعطي، سوزان محمد إسماعيل (1991) توقعات الشباب قبل الزواج وبعده وعلاقتها بالتوافق الزواجي (دراسة ميدانية)، رسالة ماجستير غير منشورة، جامعة عين شمس، القاهرة، مصر.

العبيسات، صلاح. (2009). فعالية برنامج إرشادي مستند إلى العلاج المتمركز حول الشخص

لتحسين التكيف لدى الطلبة المهملين، رسالة ماجستير غير منشورة، جامعة مؤتة، الكرك.

العتيق، عبد العزيز. (2010). فعالية برنامج إرشادي مستند إلى العلاج السلوكي المعرفي في خفض الحساسية الزائدة للنقد لدى المراهقين، رسالة ماجستير غير منشورة، جامعة مؤتة، الكرك.

عثمان، فاروق السيد ورزق، محمد عبد السميع. (2001) الذكاء الانفعالي مفهومه وقياسه، مجلة علم النفس، ابريل مايو.

العديلي، ناصر. (1994) إدارة الوقت دليل للنجاح والفعالية في إدارة الوقت، مطبعة مرار، المملكة العربية السعودية، وزارة الإعلام.

عسكر، علي. (2000) ضغوط الحياة وأساليب مواجهتها، الصحة النفسية والبدنية في عصر التوتر والقلق، ط2، دار الكتاب الحديث، الكويت.

عطا، محمود، (1993). النمو الإنساني – الطفولة والمراهقة، ط2، دار الخريجي للنشر.

العطوي، ضيف الله. (2006). أثر نمط التنشئة الأسرية في تقدير الذات لدى طلبة المرحلة الثانوية في مدينة تبوك، رسالة ماجستير غير منشورة، جامعة مؤتة، الكرك.

عطية، نعيم. (1982) ذكاء الأطفال من خلال الرسوم، بيروت. دار الطليعة.

علي بن عيسى. (1425 هـ). تمرين فن الإنصات، الحوار في التربية والتعليم.

علي بن عيسى. (1425هـ). تمرين الحوار الفعال، الحوار في التربية والتعليم.

علي، عمر. (1999). مقياس (ض– ن –م) الضغوط النفسية المدرسية، جامعة عين شمس، معهد الدراسات العليا للطفولة، قسم الدراسات النفسية والاجتماعية

عليان، خليل و كيلاني، عبد الله، زيد (1988) الخصائص السيكومترية لصورة معربة ومعدلة للبيئة الأردنية من مقياس وكسلر لذكاء الأطفال، مجلة دراسات الجامعة الأردنية مجلد (18).

العمايرة، أحمد عبد الكريم. (1991) فعالية برنامج تدريبي على المهارات الاجتماعية في خفض السلوك العدواني لدى طلبة الصفوف الابتدائية، رسالة ماجستير غير منشورة، الجامعة الأردنية.

العمرو، نادية. (2007). التفكك الأسري وعلاقته بانحراف الفتيات في الأردن:- دراسة مقارنة بين الفتيات المنحرفات وغير المنحرفات، رسالة ماجستير غير منشورة، جامعة مؤتة، الكرك.

عيسى، محمد رفيق (1984). توضيح القيم أم تصحيح القيم، الكويت: ندوة علم النفس التربوي - مؤسسة الكويت للتقدم العلمي.

غنيم، سيد محمد(1972) سيكولوجية الشخصية، القاهرة: دار النهضة العربية.

الفار، عبير وديع(1986) العلاقة بين الرضا الوظيفي وسمات الشخصية عند المرشدين التربويين، رسالة ماجستير غير منشورة، الجامعة الأردنية، عمان.

فرج، صفوت وإبراهيم، هبة.(1996) البنية السيكومترية والعاملية لمقياس تنسي لمفهوم الذات، جامعة الكويت وجامعة المنيا.

الفرح، عدنان والعتوم، عدنان. (1999) بناء مقياس نمط السلوك (أ)، أبحاث اليرموك، سلسلة العلوم الإنسانية والاجتماعية، المجلد 15، العدد3، ص29-40.

قاسم، جميل. (2008) فعالية برنامج إرشادي لتنمية المسؤولية الاجتماعية لدى طلاب المرحلة الثانوية. رسالة ماجستير غير منشورة، الجامعة الإسلامية، غزة.

قبلان، بسام محمود. (1995) بناء مقياس للكشف عن الطلبة الموهوبين في نهاية المرحلة الإلزامية (الثامن، التاسع، العاشر)، رسالة ماجستير غير منشورة، الجامعة الأردنية.

القرشي، عبد الفتاح. (1997) تقدير الصدق والثبات للصورة العربية لقائمة حالة وسمة الغضب والتعبير عنه لسبيلبرجير، مجلة علم النفس، 43، 74-88.

قشقوش، إبراهيم.(1988) مقياس الإحساس بالوحدة النفسية لطلاب الجامعات، كراسة التعليمات، القاهرة: مكتبة الأنجلو المصرية.

القعيد، إبراهيم بن حمد.(بلا تاريخ) العادات العشر للشخصية الناجحة، دار المعرفة للتنمية البشرية الرياض.

كباتيلو، زياد صلاح الدين.(1978).اشتقاق معايير أردنية محلية لاختبار رسم الرجل على عينة من الأطفال الأردنيين، رسالة ماجستير غير منشورة، الجامعة الأردنية.

كفافي، علاء الدين (1999) الإرشاد والعلاج النفسي الأسري. القاهرة: حورس للطباعة والنشر.

كلير أوستن.(بلا تاريخ) مهارات تفعيل وتنظيم الوقت – سلسلة تعلم خلال أسبوع، الدار العربية للعلوم

لابين، دالاس وبيرن جرين. (1981) مفهوم الذات، أسسه النظرية والتطبيقية، ترجمة فوزي بهلول، بيروت، دار النهضة العربية.

لندري، ج وهوك، ك(1978) نظريات الشخصية، ترجمة فرج أحمد فرج وآخرون، القاهرة: الهيئة المصرية للكتاب.

المجالي، أميرة. (2005). أثر استخدام برنامج تعزيز رمزي في خفض سلوك النشاط الزائد لدى طلبة الصف الأول الأساسي، رسالة ماجستير غير منشورة، جامعة مؤتة، الكرك.

محمود، ميسر ياسين.(1999). الميول المهنية وعلاقتها بالجنس والتخصص والنضج المهني لدى طلبة الصف الثاني الثانوي الأكاديمي، رسالة ماجستير غير منشورة، الجامعة الأردنية، عمان، الأردن.

مرسي، كمال إبراهيم (1991) العلاقة الزواجية والصحة النفسية في الإسلام وعلم النفس، دار القلم: الكويت.

مرعي، توفيق وبلقيس، أحمد (1984). الميسر في علم النفس الاجتماعي، ط2، عمان: دار الفرقان للنشر والتوزيع.

مسمار، إيناس بشير. (1993) أثر برنامج إرشاد جمعي تدريبي في تنظيم الوقت على مهارة تنظيم الوقت والتحصيل لدى طالبات الأول الثانوي في مديرية عمان الثانية، رسالة ماجستير غير منشورة، الجامعة الأردنية، عمان.

مشروع المنار دليل تطوير الوعي المهني (1997)، المركز الوطني لتنمية الموارد البشرية، عمان: الأردن

المصري، أناس رمضان، 1994، فاعلية برنامج إرشاد جمعي في خفض سلوك العزلة لدى طالبات المراهقة الوسطى، رسالة ماجستير غير منشورة، الجامعة الأردنية، عمان.

المصري، حسني أمين198(6) الوفاء بالعهد في القرآن.

مصطفى، ناجية أمني علي.(2001) مدى فاعلية برنامج إرشادي في تخفيض حدة سلوك التمرد لدى بعض طالبات المرحلة الثانوية، رسالة جامعية غير منشورة، جامعة عين شمس.

المعايطة، خليل عبد الرحمن (2000). علم النفس الاجتماعي، عمان: دار الفكر للطباعة والنشر.

الميزل، عبد الله فلاح (1991) مشكلات المراهقين وعلاقتها بمتغيري العمر والجنس، دراسات المجلد، 300أ) العددا.

نزال، كمال. (2005) مدى ملائمة الميول المهنية للتخصصات التي التحق بها طلبة الصف الأول الثانوي، رسالة دكتوراه غير منشورة، الجامعة الأردنية عمان.

الهابط، محمد السيد. (1989) التكيف والصحة النفسية (ص3) المكتب الجامعي الحديث، القاهرة.

وحيد، أحمد عبد اللطيف (2001). علم النفس الاجتماعي، عمان: دار المسيرة للنشر والتوزيع.

وفاء، سعد حلمي. (1986). استراتيجيات حل المسائل الرياضية عند طلبة الصف الأول ثانوي وأثر التحصيل ومستوى التفكير والجنس عليها، رسالة ماجستير غير منشورة، الجامعة الأردنية عمان.

الوقفي، راضي. (1996) الاستراتيجيات التعليمية في الصعوبات التعليمية، كلية الأميرة ثروت، مركز صعوبات التعلم.

ياسر، سالم. (1988) دراسة تطوير اختبار لتشخيص صعوبات التعلم لدى التلاميذ الأردنيين في المرحلة الابتدائية، دراسات، المجلد الخامس عشر، العدد الثامن.

الياسين، جعفر (1988). اثر التفكك العائلي في جنوح الأحداث، بيروت: عالم المعرفة.

يوسف، سيد. سلسلة المقاييس النفسية، المقياس النفسي لإدمان الانترنت

http://sayed-yusuf00.maktoobblog.com/?post=333627

يوسف، سيد. سلسلة المقاييس النفسية، المقياس النفسي للصحة النفسية

http://www.maktoobblog.com/sayed_yus ...735&post=13189

ثانياً: المراجع الأجنبية

Ackerman, P. and Eggested, E. (1997). Intelligence, Personality and Interest: Evidence for overlapping traits. Psychological Bulletin, 121,219-245.

Allen, Mike. Preiss. Raymond W. Gale., Barbara Mae and Burrell.

Allport, G.W. (1961). Becoming: Basic Considerations for a psychology of personality. New Haven: Yale university press.

Allport, G. W., Venom, P.E., & Lindzey, G. (1960).Study of Values. Haughton Miffin Company.

Armstrong, Thomas (1994) Multiple Intelligences: Seven Ways to Approach Curriculum", Educational leadership, November.

Atkinson, M. & Hornby, G. (2002). Mental Health Handbook for Schools. London: Routledge Falmer.

Bandura, A. (1977).Self-efficacy: Toward a unifying theory of behavioral change. Psychological Review. 84, 191-215

Bandura, A.(1979). Sozial-kognitive Lerntheorie. Stuttgart. Klett.

Beck, A.T., & Steer, R.A. (1974) Beck Hopelessness Scale, manual. New York: Harcourt Brace Jovanovich.

Beck, A.T. (1991). Cognitive therapy: A 30-year retrospective. American Psychologist, 46, 168-175.

Betz, N.E. and Voyten, K.K. (1997).Efficacy and outcome expectation influence career exploration and decidedness. Career Development Quarterly.46, 179-189.

Blum, J.S., Mehrahian, A. (1999).Personality and Temperament Correlates of Marital Satisfaction. Journal of Personality, 67, 93-125.

Bransfont, J., and B.Stein. (1984).The Ideal Problem Solving, New York, W.H.Freeman,11-13.

Buss, A.H. (1980) self-Consciousness and Social Anxiety: San Francisco: Freeman.

Chandler, et al. (1958) Successful Adjustment in College, 2nd Ed, Englewood cliffs, N.Y. Prentice-Hall.

Chipongian, Lisa, (2000) Multiple Intelligences in the Classroom, Brain Connection News Letter, May.

Corinsi. (1987).Encyclopedia of Psychology. New York: John Wiley and Sons.

Corey, Gerald.(2001). Theory and Practice of Counseling and Psychology,N.Y: B rooks/Cole publishing com.

Cottrell, S. (1999) the study skills handbook. London: Macmillan press Ltd

Cutrona, C. (1982). Transition to College: Loneliness and the Process of Social Adjustment. In Peoplau and Perlman (Eds).

Dawis. (1991). Vocational Interests Values, and Preference, in: Dunnette, M. & Hough, L(ED) Handbook of Industrial & Organizational

Dehn, N. & Schank, R. C. (1982). Artificial and Human Intelligence. In R. Sternberg (Ed.), Handbook of Human Intelligence (Vol. I, pp 352-391), New York: Cambridge University Press. Psychology 2nd Ed. Vo 1.2, Consulting psychologists Press, PP. 833-869.

Drever, J. (1961) Dictionary of Psychology. London: Penguin Books. Loneliness: A Source Book of Current Theory, Research and Therapy (pp.291-309). New York: Wiley.

Ellis, A. (1962). Reason and Emotion in Psychotherapy. New York: Lyle Stuart.

Feldman, R. (1989).Adjustment: Applying Psychology to a complex world. New York: McGraw-Hill.

Freedman, Daniel, et Al. (1972).Modern Synopsis of Psychiatry, the Williams Co., N.Y. P131.

Gardner, H. (1983). Frames of Mind, New York: Basic Books. Hanson, E. Simon. (2000) a New Approach to Learning: The Theory of Multiple Intelligences, Brain Connection News Letter, and May.

Gibbs, J. et al., (1992). Social Reflection Measure- Short Form (SRM-SF), (Arabic Version for Man)

Girdano, D., Everly, G., & Dusen, D. (1997). Controlling stress and Tension (5 the Ed). Boston: Allyn and Bacon.

Graham, K.G. & Robinson, H. (1989) Study skills handbook: A guide for all teacher. New York: International Reading Association.

Hadfield,J.A.(1952).Psychology and Mental Health. George Allen and Unwintltd, London.

Harris, D.B. (1963).Goodenough-Harris Drawing Test.Harcourt, Brace and World, Inc.

Heppner, P. (1982) the Development and Implications of Personal Problem Solving Inventory. Journal of Counseling and Psychology, 29(1).

Hetherington, E and Parke, R. (1993). Child Psychology: a Contemporary View Point. McGraw- Hill Book Company: New York.

Holland, J.L. (1965) Holland Vocational Preference Inventory.John L. Holland.

Holland, J.L. (1997).Making Vocational Choices: A theory of Vocational Personalities and Work environments (3rd Ed.).Odessa, FL: Psychological Assessment Resources.

James, W. (1890). The principles of psychology. New York: Holt Rinehart & Winston. Vol. 1.

Jennings, J.R., & Choi, S. (1981).Type A Component and psycholopsyiological responses to an attention demanding performance task. Psychosomatic Medicine, 43,475-488.

Kelley, Colleen.(1979). Assertion Training: A Facilitators Guide International Author, California: University.

Krampen, G. (1989).Diagnostik von Attributionen und Kontrollueberzeugungen. Goettingen. Hogrefe.

Krisen, O. (Ed.). (1972). <u>Mental Measurements Yearbook. Buros Institute of Mental Measurements Yearbook</u>. 7th Ed.

La Guardia, J.G., Ryan, R.M., Coucnman, C.E., & Deci. E.L. (2000). Within-person Variation in Security of Attachment: A Self-determination theory perspective on attachment, need fulfillment, and well-being. <u>Journal of Personality and Social Psychology</u>, Vol 79, P 367-384.

Luthans,F.(1992). <u>Organizational Behavior</u> (6 th Ed.) New York: Mac-Graw-Hill.Inc.

Mann, Michael (1987). <u>Encyclopedia of Sociology</u>. London: Macmillan Press.

Margraf, J. & Rudolf, K. (1999). Angst in sozialen Situationen: Das Konzept der Sozialphobie. In Margraf, J. & Rudolf, K. (Hrsg). Soziale Kompetenz Soziale Phobie. Hohengehren. Germany. <u>Schneider Vera</u>. pp. 3-24.

Marks, I.M. (1987). <u>Fears, phobias, and rituals. Panic, anxiety, and their disorders</u>. New York: Oxford University Press.

Mar land, S.P. Jr. (1971). <u>Education for the Gifted and Talents</u>: Volume 1. Washington D.C: V.S. Government Printing Offices.

Mehrens, William A. (1975). <u>Measurement and Evaluation in Education and Psychology</u>, 2nd. Ed., Rinehart and Winston, New York.

Mruk, C. (1995). <u>Self-esteem: Research, theory, and practice</u>, New York: Springer.

Muchinsky, P.M. (1994). <u>The Influence of Life Experiences on Vocational Interests and Choices. InG.S. Stokes, M. Mum ford, and W.A. Owenes</u>, (Eds.),.The biodata handbook: Theory, Research, and Applications. Palo, Alto, and CA: Counseling Psychology Press.

Nancy, A. (2002). <u>Interpersonal Communication Research, Lawrence Erlbaum Associates,</u> Publishers Mahwah, New Jerey, London.

Oltmanns, T.F &Emery, R.E (1998): <u>Abnormal Psychology</u>.NJ: Prentice-Hall.

Osipow, Samula. (1983). <u>Theories of Career Development. Applenta Centaury Crafts</u>: New York.

Osipow, S. (1999) An Assessing Career Indecision. <u>Journal of Vocational Behavior</u>.55 (2), 147-154.

Patterson, C.H. (1980) <u>Theories of counseling and psychotherapy</u>: New York: Harper& Row.

Peplou, L. & Perlman, D. (1981).<u>Towards A Social psychology Of Loneliness</u>. In R.Gilmor &S. Duck, (Eds.), Personal Relationships, London: Academic Press.

Perris, C.,L. Jacobsson, H. Lindtrom, L. Von Knorrving & H. Perris. (1980) Development of a new Inventory for assessing memories of Parental Raring Behavior. Acta Psychiatry Scand. 61:265-274.

Pervin, L. A. (1987).Persoenlichkeitstheorien. Muenchen. Basel: E. Reinhardt.

Porteous, M.A. (1985) Development Aspects of Adolescent Problem, Disclosure in England and Ireland, Journal of Child Psychology and Psychiatry, 26, 465-478.

Renzulli. J & Reiss, S (1985) the School Wide Enrichment Model. Creative Learning Press, Connecticut.

Rimm & Masters.(1979).Behavior Therapy Techniques and Empirical Findings, New York: Acadmic Press.

Roeder, B. & Maragraff, J. (1999). Kognitive Verzerrung bei sozial aengstlichen Personen. In Margraf, J. & Rudolf, K. (Hrsg). Soziale Kompetenz Soziale Phobie. Hohengehren. Germany. Schneider Verlag. pp. 61-71.

Rosenberg, M. (1965). And the adolescent self-image, Princeton, NJ: Princeton University Press.

Schwarzer, R.(1990). Gesundheitspsychologie: Einfuehrung in das Theam. In R. Schwarzer, (Hrsg.), Gesundheitspsychologie, 3-23. Goettingen: Hogrefe.

Schwarzer, R.(1994).Optimistische Kompetenzerwartung: zur Erfassung einer personellen Bewaeltigungsressource. Dignostika. Heft 2, 40, 105-123. Goettingen.

Segerstrom, S.C., Taylor, S.E., Kemeny, M.E., & Fahey, J.L. (1998). Optimism is associated with mood, coping, and immune change in response to stress. Journal of Personality & Social Psychology. 74, 1646- 1655.

Spielberger, C.D. (1988) state-Trait Anger Expression on (AX) scale. Odessa, FL: Psychological Assessment Resources.

Sinha, S.P., and Mukerjee, Neelima. (1990). Marital Adjustment and Space Orientation. The Journal of social psychology.. 130 (5). 633-639..

Spanier, G.B. (1976).Measuring Dyadic Adjustment: New Scales for Assessing the Quality of Marriage and Other Dyads. Journal of Marriage and the Family, 30, 15-28

Stangier, U. & Heidenreich, T. (1999) Die Soziale Phobie aus kognitiv- bihavioraler Perspective. In Margraf, J. & Rudolf, K. (Hrsg). Soziale Kompetenz Soziale Phobie.Hohengehren. Germany. Schneider Verlag.. 40-60.

Steven, L. McMurtry. (1994). Client Satisfaction Inventory.

Supper, D. (1988). Vocational Adjustment: Implementing Soft Concept. The career Development Quarterly, 36. 357-391.

Swanson, J, and Woitke, M. (1997) Theory into Practice Interventions Regarding Perceived Career Barriers.Journal of Career Assessment.5, 443-462.

Torrance, E. Paul. (1965). Mental Health and Constructive Behavior.Wads Worth Publishing.Co. Inc., Belmonts Califotnia.

Tracey, T. (2001).The Development of Structure of Interests in Children: Setting the Stage. Journal of Vocational Behavior.59 (3), 89-104.

Truch, S. (1980).Teacher Burnout Nomato, CA: Academic Therapy Publications.

Walter. W.Hudson. (1993). Childs Attitude toward Mother. (CAM)

Wiess, R. (1973).loneliness: The Experience of Emotional and Social Isolation. Cambridge, Ma: MIT Press.

Wilkinson, L. (1997).Generalizable Bio data? An Application to the Vocational Interests of Managers. Journal of Occupational and Organizational Psychology.70 (3), 49-60.

Willams, J. (1988) a structured interview guide for the Hamilton Depression Rating Scale. Arch. Gen. Psychiatry, 45. 472-747.

Wright, L. (1988) the type A Behavior pattern and coronary artery disease. American Psychologist, 43(1), 2-14.

Woolfolk, A. (2001).Educational Psychology's (Sth Ed.). Needham Heights, MA: Allyn& Bacon

Zimbardo, P.G. (1986) the Stratford Shyness Project. In W.H. Jones, J.M. Cheek& S.R. Briggs (Eds.) shyness prospective on research and treatment. New York: Plenum Press, 17-26.